Arminius, Varus
und das Schlachtfeld von Kalkriese

Museum und Park Kalkriese, Schriften 1

Rasch Verlag   Bramsche

Joachim Harnecker

ARMINIUS, VARUS UND DAS SCHLACHTFELD VON KALKRIESE

**EINE EINFÜHRUNG
IN DIE ARCHÄOLOGISCHEN ARBEITEN
UND IHRE ERGEBNISSE**

Mit einem Beitrag von
Katharina von Kurzynski

gGmbH der Stiftung der Sparkassen im Landkreis Osnabrück

Die Erdgas-Verkaufs-Gesellschaft mbH, Münster hat die Herausgabe dieses Buches durch partnerschaftliche Unterstützung möglich gemacht.

ERDGAS MÜNSTER
Partner für Deutsches Erdgas

INHALTSVERZEICHNIS

Vorwort 7

Einleitung 9

Varus und Arminius 11

Der geschichtliche Hintergrund 14

Forschungsgeschichte bis 1987 26

Forschungsgeschichte seit 1987 29

Die Ergebnisse von Prospektion und
Grabungen 38

Die Prospektions- und Grabungsfunde,
ihre Restaurierung und Dokumentation 76

Kalkriese – Ort der Varusschlacht?
Die Interpretation der verschiedenen
Funde und Befunde 80

Kalkriese – museal betrachtet
(K. von Kurzynski) 85

Die antiken schriftlichen Quellen zur
Varusschlacht 92

Archäologische Fachbegriffe 107

Literatur 109

Abbildungsnachweis 111

VORWORT

Die Kalkrieser-Niewedder Senke ist seit rund zwölf Jahren Schauplatz umfangreicher archäologischer Untersuchungen, die von einem anhaltend regen Interesse der Öffentlichkeit begleitet werden. Die erschwerten Bedingungen archäologischer Feldarbeit bei der Erforschung eines antiken Schlachtfeldes erlauben es allerdings selten, die Wißbegier der Besucher am Ort des Geschehens in ausreichendem Maße zu befriedigen. Diesem Bedürfnis wird seit einigen Jahren durch eine die Arbeit der Archäologen begleitende Ausstellung im Informationszentrum Kalkriese Rechnung getragen. Künftig werden diese Aufgaben durch einen archäologischen Park und ein Museum am Ort des Geschehens wahrgenommen. Träger ist eine gemeinnützige GmbH, getragen von den Sparkassen im Landkreis Osnabrück, die auch Herausgeberin einer Schriftenreihe ist, deren erster Band hier vorgelegt wird.

Diese Veröffentlichung soll die breite Öffentlichkeit in Text und Bild mit den reichen und in mehrfacher Hinsicht überraschenden Ergebnissen bekannt machen, die diese weltweit erste planmäßige Erforschung eines antiken Schlachtfeldes erbracht hat. Noch vor dem Abschluß aller wissenschaftlichen Detailauswertungen sollen in skizzenhaften Zügen die Arbeit der Archäologen, der Naturraum, die Befunde und Funde der archäologischen Untersuchungen und der mutmaßliche Ablauf des Kampfgeschehens zwischen Römern und Germanen sichtbar gemacht werden.

Die Drucklegung des Bandes wurde dank der großzügigen Unterstützung der Erdgas Münster und dem Entgegenkommen des Verlages Rasch, Bramsche, möglich.

Osnabrück, im November 1999

Heinz-Eberhard Holl   Wolfgang Schlüter
Vorsitzender
des Aufsichtsrates

EINLEITUNG

Die Ausgrabungen in der Kalkrieser-Niewedder Senke sind mittlerweile in ihrem zehnten Jahr, seit der Entdeckung sind sogar bereits zwölf Jahre vergangen. Aus kleinen Anfängen ist unter der Leitung von Prof. Dr. Wolfgang Schlüter ein über die Grenzen Deutschlands hinaus bekanntes Forschungsprojekt entstanden, das besonders durch die Zusammenarbeit unterschiedlichster wissenschaftlicher Disziplinen lebt. Waren von Anfang an Bodenkundler und Botaniker an den Untersuchungen beteiligt, so sind mittlerweile Anthropologen, Archäozoologen, Materialwissenschaftler und weitere Forschungszweige hinzugekommen. Zwischen 1994 und 1997 war Kalkriese daneben ein wichtiger Standort eines bundesweiten Projekts zur Erforschung der Schädigung von Bodenfunden aus Metall durch Immission von Schadstoffen.

Die Ergebnisse der Ausgrabungen in Kalkriese wurden zwischen 1993 und 1995 durch eine Wanderausstellung der Öffentlichkeit präsentiert. Zu dieser Ausstellung war ein umfangreicher Katalog erschienen, der das Thema von den unterschiedlichsten Seiten beleuchtete und auch nach Ausstellungsende den Charakter eines Kalkriese-Handbuchs hatte. Da der Katalog mittlerweile vergriffen ist und auch die Forschungen weitergegangen sind, ergab sich die Notwendigkeit, den Besuchern und allen an den Ausgrabungen zur Varusschlacht Interessierten einen neuen Leitfaden an die Hand zu geben. Ich bin mir darüber im Klaren, daß auch dieses Buch, das mitten aus den laufenden Forschungen heraus entstanden ist, nicht den Status des Endgültigen für sich beanspruchen kann, insbesondere, da in Kalkriese ein Archäologischer Park und ein Museum im Entstehen begriffen sind, die in den nächsten Jahren das Bild der Ereignisse in völlig neuer Weise präsentieren werden.

An der Entstehung diese Buches haben eine ganze Reihe von Kollegen und Förderern mitgewirkt, denen ich hier ganz herzlich danken möchte.

Zuerst natürlich meinen Kolleginnen in Kalkriese, Dr. Georgia Franzius und Dr. Susanne Wilbers-Rost sowie Dr. Frank Berger, Historisches Museum Frankfurt a. M., die mir ihre Ergebnisse bereitwillig zur Verfügung stellten. Ebenso den übrigen Mitarbeitern des Projekts, die in unterschiedlichster Weise ihr Fachwissen eingebracht haben. Ohne die tatkräftige Unterstützung durch die Geschäftsführer der Archäologischer Museumspark Osnabrücker Land gGmbH, Katharina von Kurzynski M. A. und Dr. Hermann Queckenstedt wäre die Aufgabe nicht zu bewältigen gewesen. Nicht zuletzt bedanke ich mich bei der Erdgas Münster und dem Verlag Rasch, die in bewährter Weise die finanziellen und technischen Voraussetzungen für die Entstehung des Buches geschaffen haben.

VARUS UND ARMINIUS

Die »Schlacht im Teutoburger Wald« ist untrennbar mit den beiden Kontrahenten auf germanischer und römischer Seite verbunden. So sollen am Anfang die Biografien von Varus und Arminius stehen, deren Anteil am Geschehen jedoch durchaus unterschiedlich ist. Besonders die Rolle des Varus ist bis heute ungeklärt; gilt er in der antiken Literatur überwiegend als Hauptschuldiger für das Desaster, so sieht dies die moderne historische Forschung deutlich differenzierter. Unbestritten ist jedoch, daß Arminius die treibende Kraft und der begabte Feldherr auf germanischer Seite war.

Über die Kindheit des **Publius Quinctilius Varus** ist nichts weiteres bekannt. Er entstammte einer alten Adelsfamilie, die aber vor dem 1. Jahrhundert v. Chr. in der Öffentlichkeit wenig in Erscheinung getreten war. Beim politisch bedingten Selbstmord seines Vaters 42 v. Chr. war er etwa 4 Jahre alt, wurde also wahrscheinlich im Jahre 47/46 v. Chr. geboren. Er wurde wohl von nahen Verwandten aufgezogen und genoß eine gute Ausbildung.

Karte des römischen Reiches zur Zeit des Kaisers Augustus.

Als Quaestor (hoher römischer Beamter) des Jahres 21 v. Chr. in Achaia (Griechenland) begleitete Varus anscheinend den Augustus auf seiner Orientreise in den Jahren 22–19 v. Chr., gehörte also zu dessen engstem Vertrauten-Kreis.

Die Nähe zum Herrscher äußert sich insbesondere in der Übernahme des Consulats (höchstes Regierungsamt) im Jahre 13 v. Chr., den er gemeinsam mit dem späteren Kaiser Tiberius bekleidete. Dies kann nicht ohne die Einwilligung des Augustus erfolgt sein. Die enge Bindung des Varus zum Haus des Augustus wurde vertieft durch seine dritte Ehe mit Claudia Pulchra, der Tochter einer Nichte des Kaisers.

Münze des Varus aus der afrikanischen Stadt Achulla.

Die Karriere des Varus verlief vielversprechend. Nach dem von Augustus verordneten Intervall von 5 Jahren durfte er die reiche Provinz Africa verwalten, die etwa dem heutige Tunesien entspricht. Darüber sind wir nur durch – nicht datierte – Münzen unterrichtet, die unter seiner Statthalterschaft geprägt wurden.

Anderes gilt für die Tätigkeit in Syrien 7/6 bis 5/4 v. Chr., einer außerordentlich wichtigen Provinz an der Grenze des Imperiums zum Partherreich. Varus trug hier den Titel eines Statthalters des Imperators (*legatus augusti pro praetore*). Dies ist ebenfalls durch Münzprägungen bezeugt. Wir verfügen für diese Statthalterschaft aber auch über reichhaltige literarische Zeugnisse, die Varus' tatkräftige Bemühungen um die Lösung der besonderen Probleme der vorderorientalischen Welt belegen. Zu Syrien gehörte nämlich das unruhige Palästina mit dem verbündeten judäischen Königreich des Herodes, als dessen Berater Varus zu fungieren hatte. Mit großer Wahrscheinlichkeit wird Jesus unter der Statthalterschaft des Varus geboren sein. Brisant wurde die Situation insbesondere nach dem Tode des Herodes im Jahre 4 v. Chr. angesichts der unter den Juden gegen den Nachfolger ausbrechenden Revolten. Zugleich ging es um eine Nachfolgeregelung, die Varus ver-

Münze des Varus aus der afrikanischen Stadt Hadrumetum.

Münze des Varus aus Berytus in der Provinz Syria.

fügen und durch Augustus bestätigen lassen mußte. Es galt zu intervenieren und die Ordnung im Sinne Roms wiederherzustellen. Dies erfolgte durch einen regelrechten Feldzug im Jahre 4 v. Chr., der mit der Hinrichtung der Rädelsführer und der Stationierung einer der drei Legionen in Jerusalem zunächst endete.

Neue schwere Auseinandersetzungen mit aufständischen Juden führten zu einer ersten Brandschatzung des Tempelbezirks und einer Plünderung des Tempels durch die Römer. Daraufhin griff die Revolte auf ganz Iudaea über, so daß Varus von Antiochia aus erneut eingreifen mußte. Er warf den Aufstand mit aller Gewalt nieder, was zu erheblichen Verwüstungen führte, und ließ 2000 Aufständische kreuzigen.

Wie sich die Dinge für Varus weiterentwickelten, wissen wir nicht. Er taucht im Jahre 6 n. Chr., oder wahrscheinlicher im Frühjahr des Jahres 7 n. Chr. wieder auf als *legatus augusti pro praetore* für Gallien mit dem Oberbefehl am Rhein. Abermals löste er den C. Sentius Saturninus ab, der bereits sein Vorgänger in Syrien gewesen war. Dieser hatte wahrscheinlich seit 4 n. Chr. Germanien bis zur

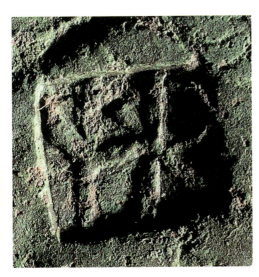

Gegenstempel des Varus auf einer Kupfermünze, die 7 bis 3 v. Chr. in Lugdunum (Lyon) geprägt wurde.

Elblinie als zukünftige Provinz zu betreuen und war wie sein Nachfolger Varus nach dem früheren militärischen Vorgehen des Tiberius um eine Einbeziehung der germanischen Stämme in das römische Herrschafts- und Verwaltungssystem bemüht. Varus setzte angesichts der sich abzeichnenden Niederlage seiner Truppen gegen die Germanen im Herbst des Jahres 9 n. Chr. seinem Leben selbst ein Ende.

Arminius, dessen germanischer Name nicht bekannt ist und von dem es auch kein zeitgenössisches Bildnis gibt, wurde nach 19 v. Chr. als Sohn des Cheruskerfürsten Segimer geboren. Seine Kindheit und Jugend liegen im Dunkeln, das Licht der Geschichte betritt er erst als junger römischer Hilfstruppenkommandant. Er war mit Thusnelda, der Tochter des Segestes verheiratet, gegen den Willen ihres Vaters; sie entstammte einer angesehenen cheruskischen Familie.

Phantasiedarstellung des Arminius von 1622.

Ca. 4 n. Chr. wurde er zum römischen Bürger und Ritter ernannt. Zwischen 6 und 9 n. Chr. führte er im pannonischen Aufstand eine cheruskische Hilftruppeneinheit auf römischer Seite. Er begleitete Varus im Jahre 9 n. Chr. in Germanien und leitete gleichzeitig den Aufstand gegen die römischen Besatzungstruppen ein. 15/16 n. Chr. führte er die Germanen gegen Germanicus und 17 n. Chr. im Krieg gegen die Markomannen unter König Marbod. Seine Frau und sein Sohn wurden 15. n. Chr. von seinem Schwiegervater an die Römer ausgeliefert. Vor 21 n. Chr. wurde Arminius durch die eigene Verwandtschaft ermordet.

DER GESCHICHTLICHE HINTERGRUND

Die Ereignisse, die sich in den Jahren 12 v. Chr. bis 16. n. Chr. und besonders im Jahre 9. n. Chr. im Inneren Germaniens abspielten, sind uns nur durch diverse römische Schriftsteller in unterschiedlich exakter Form überliefert, eine Schilderung aus germanischer oder neutraler Sicht fehlt. Die wichtigsten Quellen zur Varusschlacht sind im Anhang abgedruckt. Die Auswertung der schriftlichen und archäologischen Quellen ergibt in groben Zügen folgenden Verlauf der Ereignisse:

DIE VORGESCHICHTE

In den 50er Jahren des 1. Jahrhunderts v. Chr. hatte Caius Iulius Caesar die gallischen Gebiete bis zum Rhein erobert. Dieser bildete seither die Grenze des Römischen Reichs gegen die Germanen. Die römischen Besatzungstruppen waren im Inneren Galliens stationiert, die Rheingrenze daher weitgehend ungeschützt. Ein gut ausgebautes Straßensystem erlaubte es den Römern jedoch, jeden Punkt der Grenze relativ schnell zu erreichen. Dies nutzten die jenseits siedelnden Germanenstämme immer wieder zu plötzlichen Überfällen in das sich wirtschaftlich entwickelnde gallische Gebiet aus. Nachdem sie im Jahre 16 v. Chr. auch noch die 5. Legion unter dem Statthalter Marcus Lollius geschlagen hatten, sah sich der Kaiser Augustus genötigt, die Rheingrenze durch Militärstationen zu befestigen. Ab 12 v. Chr. drangen dann römische Truppen unter Führung des Drusus ins rechtsrheinische Germanien bis zur Elbe vor, um den Druck auf die Grenze am Ursprungsort zu verringern und eine Pufferzone entlang des Rheins zu schaffen. Im Spätsommer des Jahres 11 v. Chr. wurden die ersten Lager in Germanien errichtet, eines in Bergkamen-Oberaden an der Lippe und eines in Rödgen in der Wetterau. Nach dem Tod des Drusus, der an den Folgen eines Sturzes vom Pferd starb, übernahm sein Bruder Tiberius das Kommando und führte die Kampagne zu Ende. Offensichtlich hatte man im Jah-

Römische Militäranlagen am Rhein und in Germanien in augusteisch-tiberischer Zeit.

DER GESCHICHTLICHE HINTERGRUND

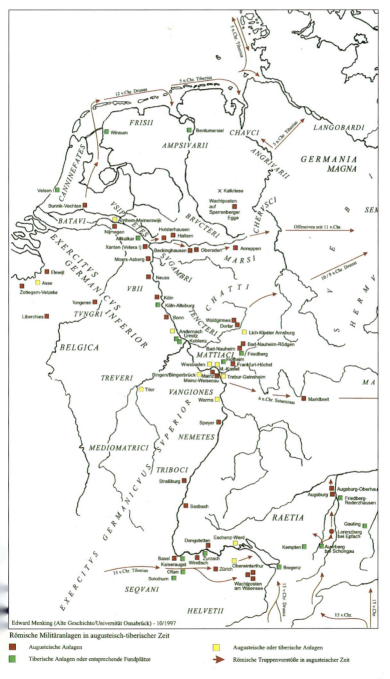

Römische Militäranlagen in augusteisch-tiberischer Zeit

re 8/7 v. Chr. eine gewisse Stabilität erreicht, denn die Römer zogen sich wieder über den Rhein zurück. In den folgenden Jahren gab es diverse Kriegszüge von römischen Truppen unter Führung des Lucius Domitius Ahenobarbus, insgesamt scheint die Lage aber ruhig gewesen zu sein. Aus nicht bekannten Gründen brach im Jahre 1 n. Chr. in Germanien ein Aufstand aus, der zu heftigen kriegerischen Auseinandersetzungen führte. Die römischen Truppen standen erst unter Führung des Marcus Vinicius, ab 4 n. Chr. unter der des Tiberius, der innerhalb von 2 Jahren wieder für Ruhe sorgte. In diesen Jahren wurden auch die meisten Militärlager an der Lippe und in der Wetterau errichtet. Einen Feldzug gegen die Markomannen, die etwa im westlichen Böhmen siedelten, mußte Tiberius abbrechen, da in Pannonien (Österreich/Ungarn/Slowenien) ein Aufstand ausgebrochen war. Die Verwaltung Germaniens übernahm 5 n. Chr. Caius Sentius Saturninus, der sie 7 n. Chr. an Publius Quinctilius Varus übergab. Aus Bemerkungen in römischen Schriftquellen kann man schließen, daß zwischen der Einschätzung der Lage in Rom und der Wirklichkeit in Germanien ein Lücke klaffte. Während man in Rom der Meinung war, Germanien sei vollständig unterworfen, beschränkte sich der römische Einfluß tatsächlich nur auf die aktuell eroberten Gebiete. Weite Teile des Landes, in die nie römische Truppen gekommen waren, besaßen noch ihre Freiheit.

DER GESCHICHTLICHE
HINTERGRUND

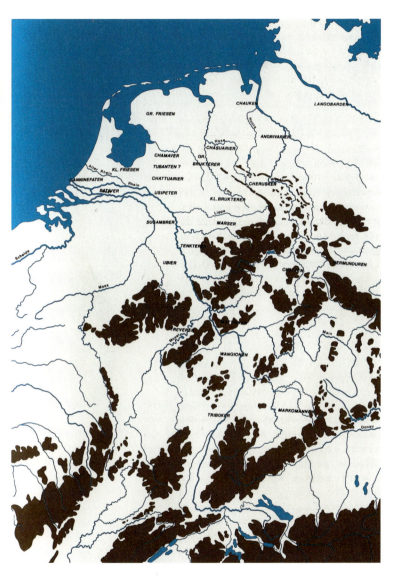

Die Siedlungsgebiete der germanischen Stämme um Chr. Geb.

**DIE HISTORISCHEN EREIGNISSE
UM DAS JAHR 9 N. CHR.**

Varus hatte im Jahre 9 n. Chr., wie in den vorhergehenden Jahren, in Germanien die Vorbereitung für die Überführung des Landes in eine römische Provinz vorangetrieben. Seine wichtigsten Aufgaben waren das Schlichten innergermanischer Streitigkeiten und die Einführung des römischen Rechts- und Tributsystems. Dies tat er wohl teilweise mit wenig Feingefühl und Rücksicht auf germanische Traditionen. In seiner Begleitung befand sich unter anderen germanischen Adeligen auch der Cheruskerfürst Arminius. Wie üblich, war Varus im Spätsommer mit seinem gesamten Heer und Gefolge auf dem Rückweg in die Winterquartiere an der Lippe oder am Rhein, im Inneren des Landes verblieben nur kleinere Einheiten mit Überwachungsaufgaben. Im Gebiet der Cherusker nahe der Weser erreichte ihn die Nachricht über einen Aufstand in einer Gegend, die durch seinen Weg eigentlich nicht berührt worden wäre. Er beschloß, einen Umweg zu machen, um diese – vorgetäuschte – Revolte niederzuschlagen.

Die Germanen lockten ihn in ein unwegsames Gebiet, das in den Schriftquellen *saltus teutoburgiensis* (= Teutoburger Wald) genannt wird und das den Römern offenbar unbekannt war. Seine Lage ist nur indirekt bei Tacitus beschrieben, wo es heißt, daß der Teutoburger Wald nicht weit vom Gebiet der Brukterer liegt, die zwischen Lippe und Ems siedelten. Auf dem Weg zu der vermeintlichen Revolte wurden die Römer von heimlich zusammengerufenen Kriegern der Cherusker, Brukterer, Marser und Chatten(?) unter Führung des Arminius angegriffen, der sich kurz vorher vom römischen Heer abgesetzt hatte. In einer für das römische Militär ungünstigen topographischen Situation mußten die Soldaten nicht nur gegen die germanischen Krieger, sondern auch gegen abtrünnige germanische Hilfstruppen im eigenen Heer kämpfen. Zudem soll das Wetter sehr schlecht gewesen sein. Im Verlauf einer sich

Grabstein des *centurio* (Hauptmann) Marcus Caelius, der in der Varusschlacht gefallen ist.

DER GESCHICHTLICHE HINTERGRUND

über mehrere Tage hinziehenden Schlacht verschanzten sich die Römer in der ersten Nacht noch in einem Lager, in der zweiten Nacht gelang dies nur noch ansatzweise. Endlich wurde das römische Heer weitgehend aufgerieben, nur wenigen gelang die Flucht, einige gerieten in Gefangenschaft. Varus stürzte sich angesichts der ausweglosen Situation in sein Schwert. Die Germanen töteten auf – aus römischer Sicht – äußerst barbarische Weise die gefangenen Offiziere, dem Varus schnitten sie den Kopf ab. Diesen schickte Arminius an den Markomannenkönig Marbod, um ihn in die antirömische Koalition zu ziehen. Da die Markomannen nach längeren Auseinandersetzungen mit den Römern mittlerweile um einen Ausgleich bemüht waren, schickten sie das Haupt weiter nach Rom, wo es bestattet wurde. Kaiser Augustus soll äußerst verzweifelt über die Niederlage gewesen sein. Die Nummern der untergegangenen Legionen, 17–18–19, wurden nie wieder vergeben.

Reste dreier römischer Militärsandalen zeugen von heftigen Kämpfen in Kalkriese.

Erst einige Jahre später, nachdem die Rheingrenze
durch neue Truppen und Befestigungen gesichert
war, führte Germanicus zwischen 14 und 16 n.
Chr. erneut römische Truppen nach Germanien,
um die erlittene Schmach wieder gut zu machen.
Sein Heer hatte mit sechs Legionen die doppelte
Stärke der Varus-Armee. Im Jahre 15 n. Chr.
suchte er auch den Ort der Varusschlacht auf und
ließ die sterblichen Überreste der gefallenen Römer bestatten. Seine neuerlichen Eroberungszüge
führten jedoch zu keinem durchschlagenden
Erfolg. Er zeigte sich der Taktik seines Gegen-
spielers Arminius nicht gewachsen und geriet
mindestens einmal in eine prekäre Situation, die
beinahe wie die Varusschlacht geendet hätte und
der er nur unter schweren Verlusten entkam. Da
kurzfristig nicht mit dem Ende der Kämpfe zu
rechnen war und die Kosten für die römische
Staatskasse enorm waren, berief der neue Kaiser
Tiberius 16. n. Chr. den Germanicus ab, beendete
die Germanienkriege und beschränkte sich auf die
Sicherung der Rheingrenze. Seine Devise, die
Germanen ihren inneren Streitigkeiten zu über-
lassen, bewährte sich bald. Die antirömische Koalition zerbrach nach dem Abzug der Gegner
schnell und Arminius fiel 21 n. Chr. einem Mord-
komplott zum Opfer.

DIE LAGE VON KALKRIESE

Die Kalkrieser-Niewedder Senke liegt ca. 20 km nordöstlich von Osnabrück am Nordhang eines Berges, der sich weit nach Norden aus dem Kamm des Wiehengebirgszuges herausschiebt. Der Kalkrieser bzw. Venner Berg ist der Rest einer älteren Gebirgsfaltung, die später durch das Wiehengebirge überlagert wurde. Er erhebt sich ca. 110 m über die Niederung.

Im Norden grenzt die Kalkrieser-Niewedder Senke an das große Moor, das sich dem Bergfuß an der engsten Stelle auf ca. 1 km nähert und sich über 40 km nach Norden erstreckt.

Diese ca. 6 km lange Engstelle war bis in das letzte Jahrhundert die einzige Passage in ost-westlicher Richtung, die über ebenes und trockenes Gelände führte, wenn man nicht große Umwege in Kauf nehmen wollte. Dabei benutzte die alte Straße Flugsandrücken von ca. 200 m Breite, die vor dem Moor liegen. Eine Alternativroute am Fuß des Berges, die durch den dort vorherrschen-

Karte der Kalkrieser-Niewedder Senke mit Eintragung der trockenen Sandzonen und des Moores.

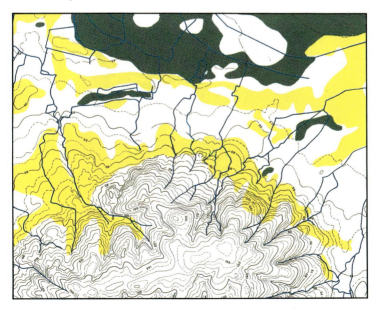

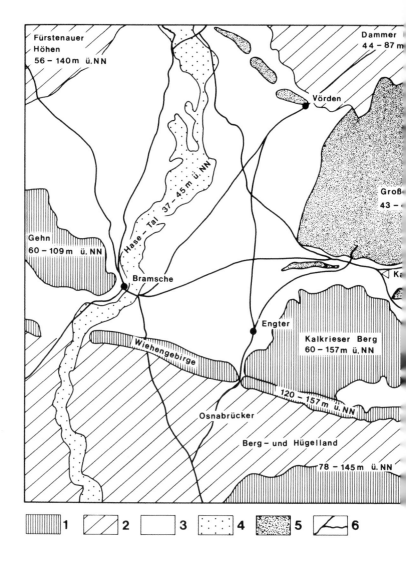

den Sandboden (sog. Hangsande) ebenfalls relativ trocken ist, verbot sich wegen der zahlreichen Bachläufe und des stark bewegten Geländeprofils. Auch diese Hangsandzone ist ca. 200 m breit, doch sind ihre bergseitigen (Staunässe durch lehmigen Untergrund) und talseitigen (Grundwassereinfluß) Bereiche sehr feucht; es bleibt nur eine ca. 100 m breite trockene Zone übrig. Der Rest der Engstelle war als Feuchtsenke nur in trockenen Perioden passierbar. In dieser Feuchtsenke gab es zudem an einigen Stellen kleinere Niedermoorbereiche, die ein Durchkommen unmöglich machten.

Erst im vergangenen Jahrhundert wurde die heutige Bundesstraße an den Hangfuß verlegt, durch die Feuchtniederung verläuft heute der Mittel-

DIE LAGE VON
KALKRIESE

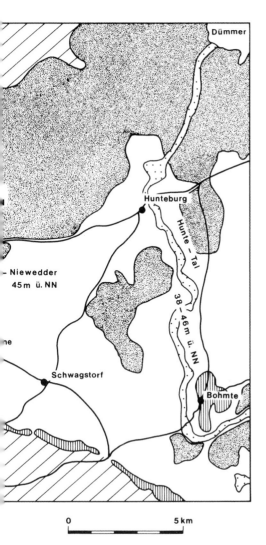

Karte des Osnabrücker Raums mit Eintragung der alten Verkehrswege.
1. Bergland
2. Hügelland
3. Tiefland
4. Flußtal
5. Moor
6. Weg

landkanal, der die Kalkrieser-Niewedder Senke zerschneidet.

Die Hangsandzone diente aufgrund ihrer naturräumlichen Gegebenheiten seit der Jungsteinzeit (ab ca. 4000 v. Chr.) als Siedlungsgebiet, wie sich bei den Ausgrabungen an den unterschiedlichsten Stellen zeigt. Man machte sich die trockenen und wegen ihrer flachen Neigung leicht zu bestellenden Äcker in unmittelbarer Nähe von ergiebigen Gewässern und Quellen zunutze. Probleme bereiteten allerdings die armen Sandböden; diesen Nachteil glich man seit dem Mittelalter erst durch Wölbäcker, dann durch Plaggeneschdüngung aus.

Wölbäcker entstehen, wenn die Schollen beim Pflügen jeweils zur Ackermitte gewendet werden,

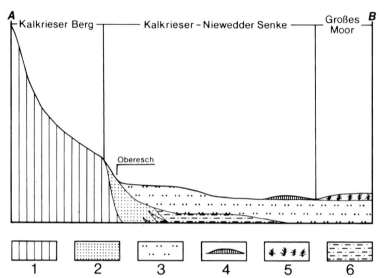

Geologischer Schnitt durch die Kalkrieser-Niewedder Senke, 25-fach überhöht.
1 Festgestein 2 Hangsand 3 Niederungssand
4 Flugsand 5 Torf
6 Niederungsschluff.

wodurch sich der Boden dort immer weiter aufhäuft. Ergebnis sind langgestreckte flache Hügelbeete, die durch Gräben voneinander getrennt sind. Im Bereich der Wölbung ist die Humusdecke entsprechend dicker, was zu besseren Erträgen führt, in den Gräben kann überschüssiges Wasser ablaufen.

Ab ca. 1000 n. Chr. verbesserte man die Böden dann durch den Auftrag von sogenannten Plaggen, die im Wald oder in den Feuchtsenken gestochen wurden. Sie wurden entweder anstelle von Stroh, das nicht so reichlich vorhanden war und als Futter gebraucht wurde, als Einstreu in den Ställen verwendet und dann als Dünger auf die Felder ausgebracht, oder direkt auf dem Ackerland verteilt. Durch den großen Anteil von mineralischem Material (Sand) in diesen Plaggen wuchsen die Äcker mit der Zeit teilweise bis über 1 m in die Höhe. Neben der Verbesserung der Bodenfruchtbarkeit wurde, als zweiter gewünschter Effekt, das sehr unregelmäßige Bodenrelief ausgeglichen, was die Beackerung erleichterte. Zusätzlich konnten durch diese Erhöhung auch die Bereiche in die Beackerung mit einbezogen werden, die vorher aufgrund von Staunässe oder

DIE LAGE VON
KALKRIESE

Grundwassereinfluß zu feucht waren. So wuchsen die im Mittelalter noch kleinen Feldstücke im Laufe der Jahrhunderte zu großen, heute sehr einheitlich und eben wirkenden Arealen zusammen.

Für die Archäologen hat die Eschwirtschaft den großen Vorteil, daß alle vormittelalterlichen Oberflächen heute unter einer schützenden Schicht begraben liegen, die Funde und Befunde also durch die moderne Landwirtschaft mit ihren großen Maschinen nicht in Mitleidenschaft gezogen werden. Der Nachteil ist allerdings, daß man sehr viel tiefer graben muß und daß moderne Prospektionsmethoden die dicken Bodenaufträge nicht durchdringen können. Die Ausgrabung ist also derzeit die einzig mögliche Methode.

Grabungsschnitt in Ackerland mit Plaggeneschauftrag.

FORSCHUNGSGESCHICHTE BIS 1987

Das Interesse an vor- und frühgeschichtlichen Hinterlassenschaften beschränkte sich in den vergangenen Jahrhunderten im Osnabrücker Raum überwiegend auf die Großsteingräber aus der Jungsteinzeit und, verstärkt durch die Auffindung der Annalen des Tacitus, auf Spuren der Auseinandersetzungen zwischen Germanen und Römern. Hier waren es vor allem die Münzen, die in Bild und Text die Geschichte lebendig werden ließen. Bereits im 16. Jahrhundert wurde erstmals versucht, Fundmünzen zur Lokalisierung des Schlachtfeldes der Varusschlacht heranzuziehen. Die erste Erwähnung der in und bei Kalkriese gefundenen Münzen im Besitz des Grafen Heinrich Sigismund von Bar durch Zacharias Goeze in einem 1698 bzw. 1716 erschienen Buch stellt jedoch noch keine inhaltliche Verbindung zu der Varusschlacht oder den Kämpfen des Germanicus her. Diesen Zusammenhang erkannte wohl als erster Justus Möser, der die Münzen im Besitz der Familie von Bar um 1740 studierte und sie 1768 in seiner »Osnabrückischen Geschichte« mit der Schlacht am Angrivarierwall verband, welchen er bei Damme am Dümmer lokalisierte. Wichtig sind besonders zwei Aussagen Mösers, nämlich, daß keine der Münzen über die augusteische Zeit hinausgeht und daß in Kalkriese immer wieder Münzen beim Plaggenstechen gefunden werden. Die Varusschlacht lokalisiert er übrigens im heutigen Osnabrück-Voxtrup. Noch vor Möser selbst erwähnte sein Freund Carl Gerhard Wilhelm Lodtmann in seinen 1753 erschienenen

Heinrich Sigismund von Bar. Marmorbüste im Kulturgeschichtlichen Museum Osnabrück.

Zacharias Goeze. Nach einem Stich in seinem Werk *De Numis dissertationes XX* (Wittenberg 1716).

Ansicht der Wasserburg Alt-Barenaue.

FORSCHUNGS-GESCHICHTE

»Monumenta Osnabrugensia« die Münzen der Sammlung von Bar, wobei er eine Reihe von Münztypen nennt, die auch später in der Sammlung vorhanden waren. Die Entfernung des Fundortes der Münzen von Damme erklärt er damit, daß in Kalkriese ein Reitergefecht stattgefunden habe.

Die erste Abbildung einer Münze aus der Kalkrieser-Niewedder Senke findet sich auf dem Frontispiz der »Beschreibung und Geschichte des Hochstifts und Fürstenthums Osnabrück mit einigen Urkunden« von Johann Eberhard Stüve aus dem Jahre 1789. Es handelt sich um einen Gaius/Lucius-Aureus, der unweit von Venne gefunden wurde. Stüve verbindet die Münzfunde mit der Varusschlacht.

Im 19. Jahrhundert scheint das Interesse an den augusteischen Feldzügen speziell im Osnabrücker Raum gering gewesen zu sein. Erst in den achtziger Jahren stieß Theodor Mommsen auf Erwähnungen der Münzfunde von Kalkriese und veranlaßte im Dezember 1884 eine Untersuchung der Sammlung von Bar und eine Aufnahme aller erreichbaren Nachrichten über Münzfunde in Kalkriese und seiner weiteren Umgebung. Anhand dieser Recherchen, die von dem Numismatiker Julius Menadier durchgeführt wurden, verfaßte er 1885 eine Schrift »Zur Örtlichkeit der Varusschlacht«, in der er dieselbe in Barenaue, dem heutigen Kalkriese, lokalisierte. Sowohl unter den lokalen Altertumsforschern als auch in der gesamten Fachwelt fand er allerdings keine Zustimmung. Zum einen zog man in Zweifel, daß die Münzsammlung der Familie von Bar tatsächlich überwiegend aus dem Boden von Kalkriese stammt, zum anderen verwies man darauf, daß ausschließlich Gold- und Silberprägungen vorliegen, die kaum das typische Soldatenkleingeld darstellten. Ohnehin seien Münzen allein als Hinweis auf ein Schlachtfeld unzureichend. So verschwand Mommsens Theorie wieder für hundert Jahre in der Versenkung. Daran änderte auch

Theodor Mommsen.

29

die Entdeckung des ersten Nicht-Münzfundes, eines Dreifachhakens im Jahre 1899 nichts. Er floß nicht in die wissenschaftliche Diskussion ein.

Eine kurze und eigentümliche Blütezeit erlebte die Varusschlachtforschung in Osnabrück im ersten Viertel unseres Jahrhunderts mit dem eigenwilligen und streitbaren Friedrich Knoke, der versuchte, fast alle Ereignisse der augusteischen Germanienkriege in Osnabrück und Umgebung anzusiedeln. Dabei ignorierte er die seit der Jahrhundertwende in den Römerlagern an der Lippe laufenden wissenschaftlichen Untersuchungen ebenso wie allgemein anerkannte archäologische Methoden. Die Mommsen'sche Theorie befürwortete er allerdings ebenfalls nicht. Am Ende stand Friedrich Knoke isoliert von Fachleuten und interessierten Laien. Auch das Thema Varusschlacht war für lange Jahre in Osnabrück nicht mehr gefragt.

Bronzener Dreifachhaken von einer Waage, gefunden 1899 auf dem Oberesch. Höhe 6,9 cm.

Die Anzahl der Münzen, die nach der Arbeit von Menadier in Kalkriese gefunden wurden, ist erstaunlich gering: Drei weitere Stücke verzeichnet die Chronik. Bemerkenswert ist vor allen Dingen, daß im Verlauf der gewaltigen Erdarbeiten beim Bau des Mittellandkanals, der mitten durch die heute erkennbare Fundstreuung zieht, keine weiteren Münzen entdeckt wurden.

Leider ging die Sammlung der Familie von Bar 1945 durch englische Besatzungstruppen verloren, erst 1988 konnten drei Münzen, die eindeutig aus diesem Bestand stammten, im Münzhandel in Basel wiederentdeckt und vom Kestner-Museum in Hannover erworben werden. Aus der Zeit nach dem zweiten Weltkrieg gibt es nur eine weitere Münze, die 1963 gefunden wurde. Die geringere Ausbeute in den letzten Jahrzehnten ist sicher auf die stärker mechanisierte Landwirtschaft zurückzuführen.

FORSCHUNGSGESCHICHTE SEIT 1987

**DIE ANFÄNGE DER ARCHÄOLOGISCHEN FOR-
SCHUNGEN MIT DEM METALLSUCHGERÄT**

Der englische Offizier J. A. S. Clunn nahm die Ausführungen von Th. Mommsen zum Anlaß, in Kalkriese nach römischen Funden zu suchen. Auf der Fundstelle von 1963 beim »Lutterkrug« setzte er – mit Zustimmung des Stadt- und Kreisarchäologen Dr. Wolfgang Schlüter – 1987 mit seinem Metallsuchgerät an und wurde bereits nach kurzer Zeit fündig. Im Sommer 1987 entdeckte er einen weitgehend verpflügten Münzschatz, der aus insgesamt 162 Denaren bestand. Den größeren Teil konnte Clunn mit dem Metalldetektor bergen, ein kleinerer Teil wurde bei der Nachgrabung gefunden. Dieser Fund bestätigte die Überlieferung, nach der in dieser Gegend immer wieder römische Gold- und Silbermünzen gefunden wurden. Eine Untersuchung der neuen Münzen durch Dr. Frank Berger vom Kestner-Museum in Hannover bestätigte die Angaben von Mommsen, daß alle Kalkrieser Münzen aus der Zeit des Kaisers Augustus oder aus früherer Zeit stammen. Für die weitere Entwicklung der Forschungen in Kalkriese waren aber drei andere Fundstücke Clunns von viel entscheidenderer Bedeutung: drei

Prof. Dr. W. Schlüter und J. A. S. Clunn.

Barschaft von Silberdenaren vom Lutterkrug, gefunden 1987.

unscheinbare, etwa mandelförmige Bleiklumpen, die sich als römische Schleuderbleie erwiesen. Damit waren die geforderten Militaria endlich entdeckt, Mommsens Theorie schien nach fast genau hundert Jahren endlich ihre Bestätigung gefunden zu haben. Dieser Erfolg war für die zuständigen Archäologen der Anlaß, nun verstärkt auch mit eigenem Personal in Kalkriese zu prospektieren. Bald stellten sich auch die erhofften Funde ein, neben Münzen auch viele Teile der militärischen Ausrüstung, aber auch Trachtbestandteile und andere Gerätschaften.

Schleudergeschosse aus Blei. Größte Länge 3,7 cm.

DIE SUCHGRABUNGEN AUF DEM OBERESCH UND DER BEGINN DER SYSTEMATISCHEN AUSGRABUNGEN MIT SCHNITT 7

Nach zwei Jahren intensiver Suche begannen die Ausgrabungen im September 1989 in einem Waldstück am Hangfuß des Kalkrieser Berges. Die Archäologen wählten ein in den 50er Jahren aufgeforstetes Stück des Obereschs beim Hof Fisse-Niewedde aus mehreren sehr unterschiedlichen Gründen aus: Erstens konnten Kosten gespart werden, da für die Grabungen in

FORSCHUNGS-
GESCHICHTE

Waldschneisen kein Land angepachtet werden mußte; zweitens waren auf benachbarten Feldern und auch im Wald an verschiedenen Stellen Prospektionsfunde gemacht worden, besonders auch unmittelbar westlich auf den Feldern des Hofs Sommerfrüchte. Bereits die ersten Schnitte zeigten, daß unter dem mittelalterlich bis neuzeitlichen Plaggeneschauftrag ebenfalls römische Funde lagen. Befunde, also Spuren von Lagern oder anderen Bauten aus der Römerzeit, die eine Erklärung für das Vorhandensein der Funde hätten liefern können, gab es jedoch nicht.

Ende 1989 entschloß man sich daher, auf dem angrenzenden Feld einen großen Probeschnitt von 180 m Länge und 5 m Breite anzulegen, den siebten seit Beginn der Grabungen. Die Wahl erwies sich als enormer Glücksgriff, denn der Boden gab zu diesem frühen Zeitpunkt nicht nur die zwei bisher größten Fundstücke preis, die Gesichtsmaske eines Helms und eine Pionieraxt, sondern der Schnitt lieferte auch den Schlüssel zum Verständnis des Schlachtverlaufs in diesem Bereich. Dieser Auftakterfolg führte auf dem Oberesch zu großflächigen Grabungen, die zunächst in unmit-

Luftbild des Obereschs vom 08.07.1992, heute Kernstück des archäologischen Museumsparks. Im nicht ausgegrabenen rechten Teil zeichnen sich eine Quellmulde mit schnurgeradem Ablauf nach Norden (oben) sowie der Verlauf der Wallabschnitte ab. Mittlerweile haben umfangreiche Ausgrabungen in diesem Bereich stattgefunden; die Legehennenversuchsanstalt am rechten Bildrand existiert nicht mehr. In der rechten unteren Bildecke entsteht das neue Museum.

33

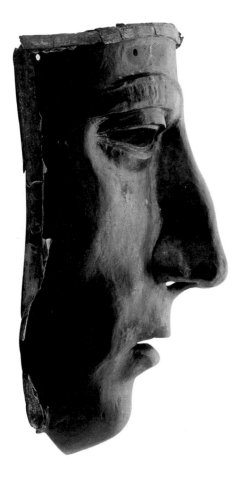

Eiserne Maske eines Gesichtshelms, ehemals mit Silberblech überzogen, Seitenansicht.
Höhe 16,9 cm,
Tiefe 8,4 cm.

Maske in Vorderansicht. ▷

Die eiserne Maske im Fundzustand. Der Rostklumpen ließ nicht erkennen, was in ihm steckt.

telbarer Nähe zu Schnitt 7 angelegt wurden. Nachdem ein ca. 5000 m² großer Bereich ausgegraben worden war, folgten kurzfristig noch einmal Grabungen im Wald westlich von Schnitt 7, die nun gezielter angelegt werden konnten und auch gute Funde und Befunde erbrachten.

Neuer Schwerpunkt der Grabungstätigkeit auf dem Oberesch wurde jedoch ab 1994 die östliche Hälfte des Ackerlandes, die auf Grund von Münzfunden, Luftbildern und bodenkundlichen Untersuchungen ebenfalls als fund- und befundträchtig erschien.

FORSCHUNGS-
GESCHICHTE

Zusätzlich nahm ein zweites Grabungsteam die Suchgrabungen wieder auf, da nach dem mittlerweile vorhandenen Kenntnisstand der Oberesch nicht die einzige wissenschaftlich ergiebige Stelle in der Kalkrieser-Niewedder Senke sein konnte. Die Suchgrabungen sollen wichtige Fundstellen ermitteln, um hier zu einem späteren Zeitpunkt großflächige Forschungsgrabungen durchzuführen. Die schmalen, 2–4 m breiten und möglichst langen Suchschnitte liefern einen Einblick in das Gelände und seine historische Entwicklung vor den Veränderungen durch den Menschen in den letzten 1000 Jahren.

Suchschnitt auf der Hagenbreite vor dem neuen Museum.

Karte mit Eintragung der Stellen in der Kalkrieser-Niewedder Senke, an denen Suchgrabungen durchgeführt wurden.

Für die Ausgräber stellten sich gleich mehrere Herausforderungen, die mit herkömmlichen archäologischen Methoden nicht zu bewältigen waren: Auf dem Oberesch waren eindeutig Reste eines antiken Schlachtfeldes gefunden worden, das, entgegen den Erwartungen, nicht nur über das gesamte Areal verstreute Fundstücke wie Waffen und Ausrüstungsgegenstände, sondern auch Wallanlagen enthielt. Für die Ausgrabung von Schlachtfeldern existierte bisher noch keine Methode, sie mußte also erst entwickelt werden, ein Stadium, das bisher noch nicht abgeschlossen ist. Von Anfang an waren an den Arbeiten Bodenkundler und Biologen beteiligt, da die Umweltbedingungen vor 2000 Jahren einen Schlüssel für die Erklärung der Ereignisse in Kalkriese enthielten, später kamen auch Zoologen und Anthropologen hinzu.

Vor ganz anderen Problemen sah sich das Team, das die Suchgrabungen durchführen sollte: Das potentielle Schlachtareal hatte sich durch die ständige Suche mit dem Metalldetektor auf ca. 25–30 km² ausgeweitet. Wo sollte man da anfangen? Da durch die historische Entwicklung nicht überall mit gleich guten Grabungsbedingungen zu rechnen war, mußten zuerst Bereiche ausgesucht werden, an denen eine Grabung auch erfolgversprechend schien. Der erste Ansatz, dort zu graben, wo auch die meisten Prospektionsfunde herausgekommen waren, erwies sich relativ schnell als verfehlt. An diesen Stellen hatten die Fundstücke seit 2000 Jahren nahe der Oberfläche gelegen und waren bei der Prospektion bereits entnommen worden. Bis diese Erkenntnis abgesichert war, verging über ein halbes Jahr voller Enttäuschungen. Als richtig erwies sich dann ein zweiter Weg, der sich auf eschbedeckte Flächen zwischen Arealen mit Prospektionsfunden konzentrierte. Die ersten Suchgrabungen erfolgten in unmittelbarer Nähe zum Oberesch, zuerst westlich im Bereich des Hofs Sommerfrüchte, dann östlich auf der Hagenbreite, dem heutigen Vorfeld des neuen Museums. Im weiteren Verlauf wurden

Granatgemme in einer Klammer der silberbeschlagenen Schwertscheide mit Darstellung einer Frau. Höhe der Gemme 2 cm.

FORSCHUNGS-
GESCHICHTE

die Grabungen dann vorerst in westlicher Richtung fortgesetzt, da hier bereits mehr Informationen durch die Prospektion existierten. Die westlichste Stelle liegt ca. 2,5 km vom Oberesch entfernt. Seit 1998 konzentrieren sich die Suchgrabungen auf die Bereiche östlich des Oberesch bis nach Venne.

Zusätzlich untersuchte das Team mehrere Stellen, die bei der Prospektion besondere Fundanhäufungen erbracht hatten. Da der Metalldetektor mit seiner geringen Reichweite meist nicht alle Fundstücke erfaßt, wird durch die Grabungen sichergestellt, daß von den Fundanhäufungen, bei denen es sich fast immer um zusammengehöriges Material handelt, alle Stücke geborgen werden. Zusätzlich lassen sich die Bedingungen des Untergrunds untersuchen, die eventuell zu diesem Fundniederschlag geführt haben können. Ein schönes Beispiel ist die silberbeschlagene Schwertscheide, die mit Resten des Gürtels aus 34 Einzelteilen bestand, von denen elf überwiegend größere Stücke bei der Prospektion, die übrigen bei der Nachgrabung herauskamen.

Grabung an der Fundstelle der silberbeschlagenen Schwertscheide. Deutlich sind die Pflugspuren zu erkennen, die zur Zerstörung der Fundstücke geführt haben.

Silbernes Ortband mit Spitze (Randeinfassung des unteren Teils) der Schwertscheide. Länge 19,3 cm

Silberne Schwertscheidenklammer mit Achat. Breite 10 cm.

Silberne Schwertscheidenklammer mit Fassung für einen Schmuckstein. Breite 8 cm.

DIE ERGEBNISSE VON PROSPEKTION UND GRABUNGEN

PROSPEKTIONS- UND GRABUNGSFUNDE

Über zwölf Jahre Prospektion haben für große Teile der Kalkrieser-Niewedder Senke und ihres östlichen Vorlandes ein eindrucksvolles Bild von der Dichte der römischen Funde geliefert. Längst sind nicht alle Bereiche des ca. 30 km² großen Geländes untersucht, doch läßt sich der Zug der römischen Truppen anhand des bekannten Fundmaterials teilweise nachvollziehen. Dabei wird, auf Grund von historischen Quellen, als sicher vorausgesetzt, daß die Römer von Osten nach Westen gezogen sind, obwohl sich dies aus den bisherigen Funden und Befunden nicht sicher nachweisen läßt. Sicher ist jedoch, daß sie den Kalkrieser Berg am Hangfuß umrundeten.

Kupfermünze in schlechtem Erhaltungszustand. Prospektionsfund.

Barschaft aus Silberdenaren und einem Aureus.

DIE ERGEBNISSE VON PROSPEKTION UND GRABUNGEN

Die östlichsten Fundstücke stammen von Feldern an der westlichen Ortsgrenze von Ostercappeln und aus Schwagstorf. Weiter östlich gibt es bisher keine Funde, da dort noch nicht prospektiert wurde. Eine Fundlücke zwischen Schwagstorf und Venne ist ebenfalls auf noch ausstehende Untersuchungen zurückzuführen. Ab Venne verdichtet sich jedoch im Bereich der Hangsandzone am Fuß des Kalkrieser Berges die Fundstreuung und zieht sich bis Engter hin. Westlich von Engter ist ebenfalls noch nicht prospektiert worden. Besonders auffallend ist, daß sich die Funde ab dem Oberesch nach Westen in zwei Hauptrichtungen aufteilen. Ein Zweig folgt dem Fuß des Kalkrieser Berges nach Südwesten, ein anderer zieht nach Nordwesten durch die Feuchtniederung zum westlichen Rand des Großen Moores. Eine Kampfsituation auf dem Oberesch und wenig westlich davon hat offensichtlich zu einer Aufteilung des römischen Heeres geführt.

Die überwiegende Zahl der Prospektionsfunde sind Münzen, die auch in Anhäufungen auftreten. Dabei handelt es sich um die Barschaften einzelner Römer, die im Laufe der Kampfhandlungen verlorengingen. Den Anfang machte der 1987 gefundene »Hort vom Lutterkrug«, der aus 162 Denaren bestand. In der Folge kamen weitere, meist kleinere Münzhorte dazu. Bei der Prospektion werden in der Mehrzahl Silbermünzen gefunden, während bei den Grabungen Kupfermünzen überwiegen. Der Grund liegt in der größeren Haltbarkeit der Silbers, das durch äußere Einflüsse weniger stark angegriffen wird und deshalb die Jahrhunderte nahe der Oberfläche besser überdauert. Die Kupfermünzen sind meist in einem sehr schlechten Zustand. Daneben erbrachte die Prospektion aber auch andere Fundstücke aus der Schlacht, wie Militaria, Fibeln, Gefäßfragmente und ähnliches. Die Zusammensetzung dieser Funde beweist, daß hier nicht nur eine Kampfeinheit, sondern ein kompletter Heereszug mit Troß angegriffen worden sein muß. Noch deutlicher wird dies durch die Grabungsfunde, die ein brei-

Die Verteilung der römischen Funde in der Kalkrieser-Niewedder Senke (umseitig).

1 1–2 Funde.
2 3–5 Funde.
3 6–10 Funde.
4 11–20 Funde.
5 21–40 Funde.
6 41–80 Funde.
7 81–160 Funde.
8 161–320 Funde.
9 321–640 Funde.
10 >641 Funde.
11 Goldmünze.
12 Moor.
13 Niederung.
14 entfällt.
15 Grenzen zwischen dem staunassen und dem trockenen (Linie a) sowie zwischen dem trockenen und dem grundwasserbeeinflußten Bereich der Hangsandzone (Linie b).
16 Nachgewiesene bzw. mutmaßliche Spuren der germanischen Abschnittsbefestigung.
17 Die Fundhäufung geht vollständig oder überwiegend auf einen Hortfund zurück.
18 Kalkriese, Fundstelle 50.
19 Venne, Fundstelle 41.

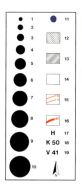

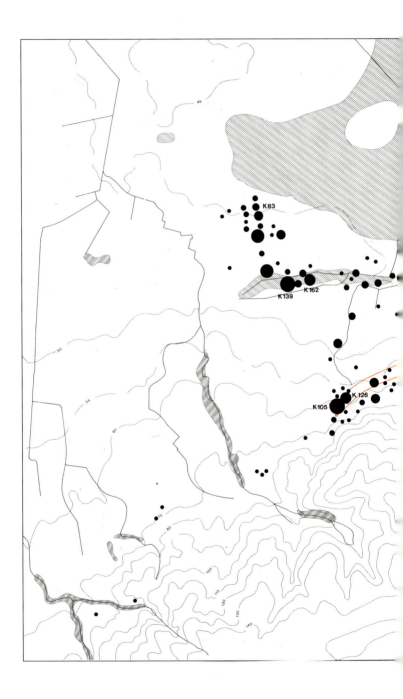

DIE ERGEBNISSE VON
PROSPEKTION
UND GRABUNGEN

tes Spektrum abdecken. Charakteristisch sind natürlich die vielen Waffen und Ausrüstungsteile, sowie die Ausstattung von Reit- und Zugtieren und Wagen. Daneben gibt es jedoch Fundstücke aus verschiedenen handwerklichen Bereichen. Auch Landvermesser und Ärzte lassen sich nachweisen. Endlich fanden sich auch viele Stücke aus dem persönlichen Besitz der Soldaten. Bis auf wenige Ausnahmen handelt es sich um kleine Stücke und Fragmente, die der systematischen Plünderung des Schlachtfeldes entgangen sind.

Silberne Griffplatte eines Skyphos (Trinkbecher). Länge 3,6 cm.

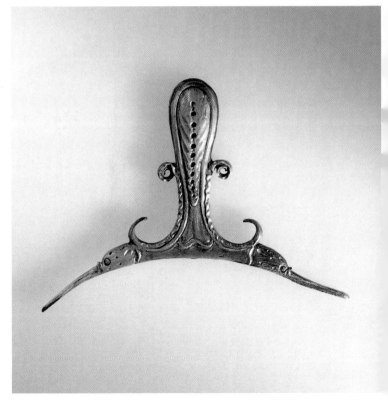

PROSPEKTIONSFUNDE

Bronzener Anhänger vom Pferdegeschirr mit unheilabwehrenden Darstellungen, sog. Phallusamulett. Breite 6,9 cm.

Bronzene Schwertscheidenklammer. Breite 9,3 cm.

Bronzene *cingulum* (Gürtel)-Schnalle. Breite 2,6 cm.

Bronzene Knopfschließe mit Silberplattierung. Länge 3,4 cm

GRABUNGSFUNDE

Brustplatte eines Schienenpanzers, Eisen mit Bronzeschnallen und -nieten sowie Lederresten. Höhe 18,8 cm.

Schnalle eines Schienen-
panzers,
Bronze silberplattiert.
Länge 4,2 cm.

Hängeschurzbeschläge,
Bonze versilbert.
Breite je 1,5 cm.

GRABUNGSFUNDE

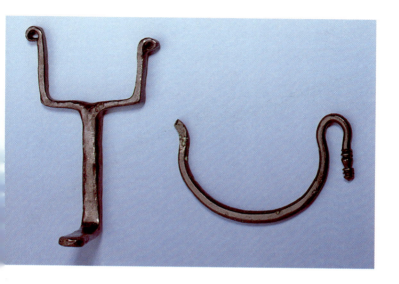

Eiserner Helmbuschträger und bronzener Tragegriff eines Helms. Höhe des Helmbuschträgers 8,1 cm.

Eiserne Schuhnägel von römischen Militärsandalen (*caligae*).

Rest einer schweren Wurf-
lanze (*pilum*), Eisen.
Länge 16,9 cm.

Eiserne Pilumzwingen, die
den Übergang zwischen
Holzschaft und eiserner
Spitze sicherten.
Höhe 4,8 cm.

GRABUNGSFUNDE

Eiserne Lanzenspitze mit
Resten des Holzschafts.
Länge 24,2 cm.

Verschiedene eiserne Lanzen- und Geschoßspitzen.
Größte Länge 20,5 cm.

Vier Jochbeschläge aus Bronze. Höhe des Beschlags rechts oben 6,2 cm.

GRABUNGSFUNDE

Kinnstange einer eisernen Hebelstangentrense. Länge 15 cm.

Anhänger vom Pferdegeschirr, Bronze silberplattiert. Höhe 3,5 cm.

Bronzene Laschen von Riemenverteilern und ein Riemenbeschlag vom Pferdegeschirr. Länge des Beschlags 6,3 cm.

Eiserne Pionieraxt (*dolabra*). Länge 53 cm.

Eiserner Dechsel. Länge 13,4 cm.

GRABUNGSFUNDE

Eiserne Bügelschere.
Länge 16,4 cm.

Eiserner Lochbeitel.
Länge 19,6 cm

Pfrieme aus Eisen, einer mit Bronzekopf. Länge des schmalen Pfriems 14,4 cm.

Senklote aus Blei. Längen bis ca. 4 cm.

GRABUNGSFUNDE

Knochenheber und Griff eines Skalpells, Bronze, der Knochenheber teilweise versilbert. Länge des Knochenhebers 14,3 cm.

Teil eines Etuis zur Aufbewahrung von Nadeln, Pinzetten u.ä., Bronze. Länge 6,3 cm.

Zierscheibe (*phalera*) mit Porträtbüste des Augustus, Bronze. Durchmesser 4 cm.

GRABUNGSFUNDE

Zwei bronzene Gewandspangen (Fibeln) vom Typus »Aucissa«.
Länge ca. 5 cm.

Bronzene Gewandspangen
Größte Länge 5,5 cm.

Spielsteine aus opakem Glas. Durchmesser ca. 1,5 cm.

Siegelkapseln aus Bronze mit figürlichen Bleireliefs. Höhe ca. 2 cm.

Zwei eiserne kreuzförmige Ziernägel und mehrere mit runden Köpfen aus Bronze oder Eisen; die Köpfe mit Silberblech überzogen. Länge des Bronzenagels oben rechts 3 cm.

GRABUNGSFUNDE

Zwei Bronzeaufsätze in Form von Delphinen. Länge 2,6 cm.

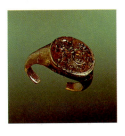

Eiserner Fingerring mit Karneol-Gemme. Dargestellt sind zwei gekreuzte Füllhörner, dazwischen der Heroldsstab des Gottes Merkur und Kornähren, alles Symbole für Glück, Erfolg und Fruchtbarkeit. Höhe der Gemme 1,5 cm.

Bronzene Haarnadel, eines der wenigen weiblichen Utensilien unter den Funden von Kalkriese. Länge 13,5 cm.

Eiserne Schiebeschlüssel und Schloßteile. Größte Länge ca. 8 cm.

Verschiedene Bleigewichte von Waagen. Größter Durchmesser 3,8 cm.

DIE ERGEBNISSE VON
PROSPEKTION
UND GRABUNGEN

DIE BEFESTIGTEN STELLEN AM KALKRIESER BERG

Die Grabungen auf dem **Oberesch** haben gezeigt, daß die Germanen entlang des Weges der Römer Wallanlagen errichtet hatten, die den Durchgang verengten und Angriffe in die Flanken der römischen Truppen ermöglichten. Dabei handelte es sich nicht um langgestreckte Anlagen, sondern um gebogene Abschnittswälle, die sich von Bachsenke zu Bachsenke zogen und die natürlichen Geländehindernisse geschickt nutzten. Da die Wälle auf römische Art aus Rasensoden errichtet waren, wurde zuerst vermutet, es handele sich um ein römisches Lager. Im Laufe der weiteren Untersuchungen zeigte sich jedoch, daß das Gelände hinter den Befestigungen feucht und bewaldet war, sich also als Lagerplatz nicht eignete. Zudem handelt es sich nicht um eine geschlossene Anlage, und das römische Fundmaterial liegt überwiegend außerhalb. Ziel der Erbauer war es offenbar, diesen Bereich am Hangfuß des Kalkrieser Berges zu kontrollieren, der im Norden durch die meist unpassierbare Feuchtniederung abgeschlossen wurde.

Auf dem Oberesch wurden bisher drei Wälle nachgewiesen, die als lange, stellenweise unterbrochene Bögen den Hang des Berges säumten. Diese Unterteilungen sind zum einen damit zu er-

Der Verlauf des Walls zeichnet sich als dunkleres Band im Planum ab.

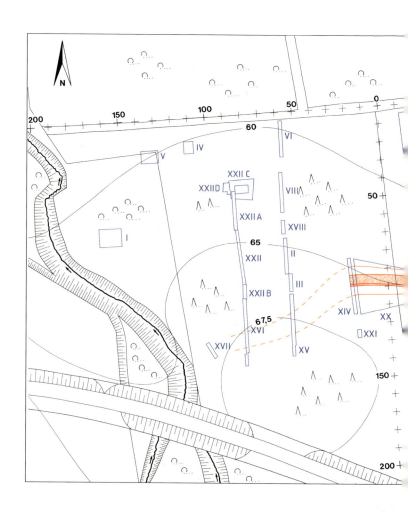

DIE ERGEBNISSE VON
PROSPEKTION
UND GRABUNGEN

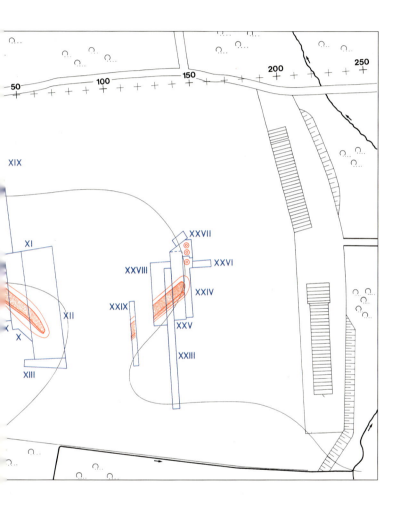

Plan des Oberesch mit Eintragung der Grabungsschnitte und der wichtigsten Befunde.
Rote Linie: Heutige Ausdehnung der Rasensodenmauer.
Rote Rasterung: Ursprüngliche Breite der Rasensodenmauer.
Rote Doppelkreise: Knochengruben.

klären, daß die Oberfläche des Geländes vor 2000 Jahren sehr viel stärker gegliedert und von heute verfüllten Bachläufen durchzogen war, zum anderen handelte es sich um Ausfallpforten. Vor diesen Wällen müssen heftige Kämpfe getobt haben, die zu einem enormen Niederschlag von Fundmaterial führten. Überwiegend sind es Kleinteile, darunter auch viele Kupfermünzen, oder Fragmente, die bei der Plünderung des Schlachtfelds durch die Sieger der Schlacht übersehen wurden oder das Aufheben nicht lohnten. Die Germanen legten offenbar eine Reihe größerer Fundstücke, aber auch zusammengefaltete Bleche von Schildrändern und Ähnliches, zum Abtransport bereit, nahmen sie dann aber aus bisher nicht verständlichen Gründen nicht mit.

Über die Konstruktion des westlichen Wallabschnitts liegen mittlerweile detaillierte Kenntnisse vor: Er orientiert sich überwiegend an einer Festgesteinskante, die hier an die Oberfläche tritt. Der Wallkörper besteht aus Rasensoden, die in der näheren Umgebung gestochen worden sein müssen. Eventuell war die Wallkrone zusätzlich durch eine Palisade erhöht. In regelmäßigen Abständen gab es Durchlässe. Hinter den Wallstücken hatte man Gräben zu den Durchlässen ausgehoben, um das Oberflächenwasser abzuleiten, das den Wallfuß zu unterspülen drohte. Die Gräben

Der Drainagegraben zeichnet sich als dunkle Verfärbung deutlich ab. Er verläuft unmittelbar vor der Festgesteinskante (links), gegen die er im Bildhintergrund stößt. Die dunkelbraunen Flecken sind wiederverfüllte Gruben, aus denen Metallfunde geborgen wurden; rechts hinten die Fundstelle des gefallenen Maultiers.

Bergung der Knochen und Ausstattungsteile des gefallenen Maultiers in einem großen Gipsblock.

DIE ERGEBNISSE VON
PROSPEKTION
UND GRABUNGEN

Die aufsteigenden und abfallenden Flanken des auseinandergeflossenen Walls sind, von den Fluchtstangen ausgehend, Richtung Bildmitte zu erkennen.

Die Freilegung der Maultierknochen in der Werkstatt durch den Restaurator Günter Becker.

waren anscheinend mit Ästen gefüllt, da sie sonst die Germanen beim Ersteigen des Walls behindert hätten. Die Konstruktion war nicht auf Dauer angelegt und ist deshalb nach kurzer Zeit auseinandergeflossen. An manchen Stellen hat sie bereits während der Kampfhandlungen Schaden genommen, etwa da, wo ein angeschirrtes Maultier zu Fall gekommen war und direkt von Wallmaterial verschüttet wurde. Heute haben die Wallreste eine Breite von 12–15 m und eine maximale Höhe von 30 cm, ursprünglich betrug die Sohlenbreite ca. 5 m, die Höhe 1,5 bis 2 m.

Die weiteren Wälle scheinen sich nicht grundlegend von dem ersten zu unterscheiden, die Untersuchungen sind in diesem Bereich jedoch noch nicht abgeschlossen.

Die Anlagen auf dem Oberesch sind erhalten, weil sie im Mittelalter als Ackerrand dienten und erst zu einem Zeitpunkt überpflügt wurden, als der Esch über das Niveau der Wallreste angewachsen war.

67

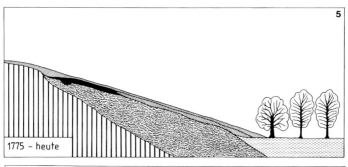
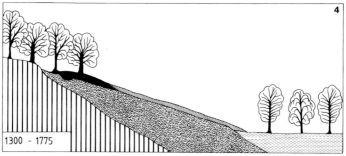
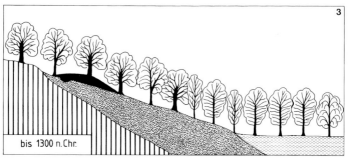

DIE ERGEBNISSE VON
PROSPEKTION
UND GRABUNGEN

Zügelkette und Trense des Maultiergespanns. Länge ca. 60 cm.

 a
 b
 c
 d

Die Entwicklung des Oberesch von der ausgehenden vorrömischen Eisenzeit bis heute (nicht maßstäblich).

a Felsgestein
b Hangsand
c Niederungssand
d Plaggenesch

Glocke des Maultiers, Bronze. Länge ohne Bügel 16,6 cm.

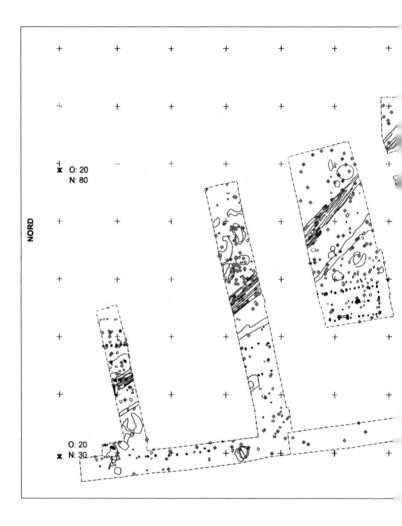

DIE ERGEBNISSE VON
PROSPEKTION
UND GRABUNGEN

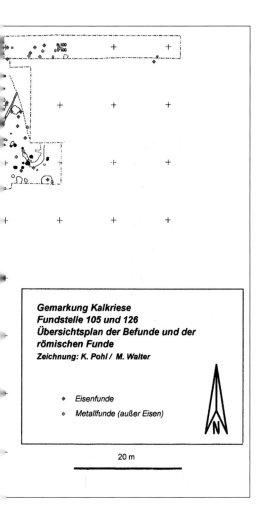

Befunde und Funde der Suchgrabungen beim Hof Dröge in Kalkriese.

Leider ließen sich bisher keine weiteren eindeutigen Befestigungsanlagen nachweisen, obgleich die Streuung der Prospektionsfunde deren Vorhandensein zumindest wahrscheinlich macht. Ein wallartiges Gebilde auf der Hagenbreite unmittelbar östlich des Oberesch scheint nach neuesten Untersuchungen jüngeren Datums zu sein. Ungeklärt ist noch die Bedeutung von zwei parallel verlaufenden Gräben ca. 2,5 km westlich des Oberesch beim Hof Dröge. Diese Gräben durchschneiden eine germanische Siedlung, die von den letzten Jahrhunderten vor der Zeitenwende bis mindestens in das 2. Jahrhundert n. Chr. existierte, und sind von vielen römischen Funden begleitet.

Aus der Streuung der Prospektionsfunde lassen sich Befestigungen im Bereich des Hofes Sommerfrüchte, unmittelbar westlich des Oberesch, vermuten. Ausgrabungen an dieser Stelle blieben jedoch ohne Ergebnis. Gleiches gilt für die Flächen zwischen den Höfen von Bar und Dröge ebenfalls westlich des Oberesch, die bisher allerdings nur durch wenige Suchschnitte untersucht wurden. Auffallend ist, daß die römischen Funde am Hangfuß des Kalkrieser Berges zwischen Venne und Engter fast immer am unteren Rand der trockenen Hangsandzone liegen, was auch die jüngsten Suchgrabungen ca. 3 km östlich des Oberesch bestätigten.

DIE GEFALLENEN DER SCHLACHT

Erbrachten die ersten Grabungsperioden, abgesehen von den Überresten des angeschirrten Maultiers, nur vereinzelt kleine Knochenfragmente und Zähne, so konnten seit 1994 auf dem Oberesch mehrere grubenartige Vertiefungen untersucht werden, die mit Knochen gefüllt waren. Offenbar sind die Knochen – zumindest teilweise – erst nach längerer Liegezeit an der Oberfläche in diese Gruben gelangt, denn sie liegen in völliger Unordnung durcheinander, wobei Menschen-

DIE ERGEBNISSE VON
PROSPEKTION
UND GRABUNGEN

Reste eines menschlichen Schädels, ausgegraben am Rande des Drainagegrabens hinter der Rasensodenmauer auf dem Oberesch. Wo die Knochen nicht mehr erhalten sind, zeichnet sich der Schädelumriß durch seine dunklere Färbung ab.

Knochengrube auf dem Oberesch.

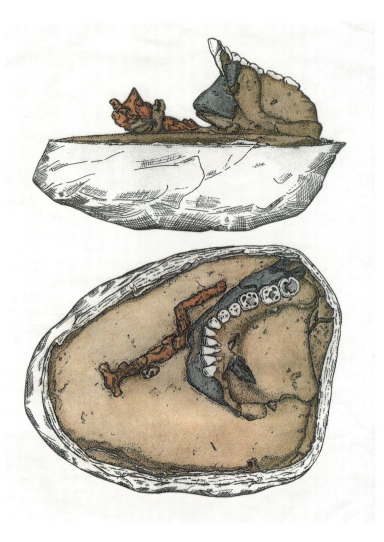

Unterkiefer und Helmbuschhalter in Fundlage in einem Gipsblock.

DIE ERGEBNISSE VON
PROSPEKTION
UND GRABUNGEN

Menschlicher Unterkiefer und eiserner Helmbuschhalter. Länge des Helmbuschhalters 8,9 cm.

und Tierknochen sowie vereinzelte römische Funde vermischt sind. Nur wenige Skelettreste wurden geordnet in den Boden gelegt.

Mittlerweile ist ein großer Teil der Knochen durch Anthropologen und Zoologen untersucht worden. Dabei stellte sich heraus, daß die Tierknochen überwiegend von Maultieren stammen, nur wenige Pferdeknochen sind darunter. Die menschlichen Knochenreste gehören dagegen durchweg zu Männern im Alter zwischen 25 und 45 Jahren; Frauen, Kinder und ältere Personen fehlen völlig. Einige menschliche Knochen weisen eindeutige Hiebspuren auf, stammen also sicher von Gefallenen der Schlacht.

Menschlicher Schädel, durch einen Schwerthieb gespalten.

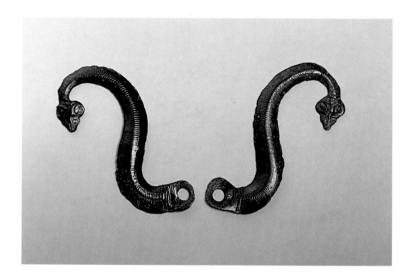

Leider bleiben diese Kriegsopfer anonym, doch kennen wir durch Inschriften auf Ausrüstungsteilen zumindest die Namen einiger römischer Soldaten. Die eingeritzten oder eingepunzten Namen, etwa der des Marcus Aius, sind jedoch nicht mit bekannten historischen Persönlichkeiten zu verbinden.

Bronzene Schließen eines Kettenpanzers.

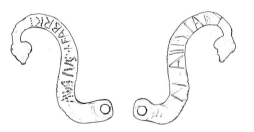

Rückseiten der Schließen mit Inschriften: Gepunzt: M AIVS I FABRICII; geritzt: M AII I) FAB. Dies bedeutet, daß der Kettenpanzer dem Marcus Aius gehörte, der in der 1. Kohorte einer nicht genannten Legion in der Centurie des Fabricius Dienst tat.

DIE ERGEBNISSE VON
PROSPEKTION
UND GRABUNGEN

FUNDE UND BEFUNDE AUS ANDEREN ZEITEN

Die intensiven Untersuchungen in der Kalkrieser-Niewedder Senke bringen es mit sich, daß auch viele Funde und Befunde aus anderen Zeiten zum Vorschein kommen. Es ist inzwischen klar, daß der Bereich der Hangsandzone zu allen Zeiten seit der Jungsteinzeit mehr oder weniger dicht besiedelt war. Eine besondere Siedlungsdichte ist in den Jahrhunderten um die Zeitenwende zu verzeichnen. Die vorgeschichtlichen Kulturstufen geben sich hauptsächlich durch Keramikscherben und Feuersteingeräte zu erkennen. Diese beiden Fundgruppen machen über 90% des archäologischen Fundmaterials aus. Stellenweise lassen sich den datierbaren Funden auch Befunde in Form von Gruben oder Pfostenspuren prähistorischer Gebäude zuordnen.

Feuersteinpfeilspitzen der jüngeren Steinzeit vom Oberesch. Länge der oberen Spitze 5,8 cm.

Auch jüngere römische Funde treten bisweilen zutage, darunter ein Denar des Vitellius (69 n. Chr.) als Einzelfund und eine Email-Scheibenfibel des 2. Jahrhunderts n. Chr. aus einer germanischen Siedlung. Beide Funde sind auf die nach der Varusschlacht langsam wieder auflebenden Beziehungen zwischen dem römischen Reich und dem freien Germanien zurückzuführen, haben also für die Erklärung des augusteischen Fundplatzes Kalkriese keine Bedeutung.

Keramikscherben der jüngeren Steinzeit vom Oberesch.

Diese Funde und Befunde aus anderen Zeiten werden ebenso sorgfältig geborgen und dokumentiert wie die Spuren der Schlacht.

Kleines Tongefäß der Vorrömischen Eisenzeit vom Oberesch. Höhe 5,5 cm.

Bronzene Scheibenfibel mit Glas- und Emaileinlagen aus dem 2. Jahrhundert n. Chr. aus den Suchgrabungen beim Hof Dröge in Kalkriese.

77

DIE PROSPEKTIONS- UND GRABUNGSFUNDE, IHRE RESTAURIERUNG UND DOKUMENTATION.

DIE PROSPEKTION

Kalkriese ist mit einem Metallsuchgerät als archäologisch und historisch interessanter Raum gleichsam wiederentdeckt worden. Diese Art der Prospektion hat sich für die Untersuchung großer Flächen bewährt. Das Gerät kann Funde bis ca. 25 Zentimeter Tiefe orten, alle Prospektionsfunde entstammen deshalb der Schicht, die durch die landwirtschaftliche Nutzung ständig bewegt wird. So liegen diese Funde niemals an der Stelle, an der sie in den Boden gekommen sind, und sind oft stark beschädigt. Dennoch wird ihr Fundort genau kartiert, da man aus der Lage zueinander oder aus auffälligen Anhäufungen Schlüsse über die Bedingungen ziehen kann, die zum Verlust der Objekte vor etwa 2000 Jahren führten.

Klaus Fehrs mit dem Suchgerät im Einsatz.

Der Prospektionstechniker muß über einen reichen Erfahrungsschatz verfügen, da er an Ort und Stelle entscheidet, ob es sich bei dem Fundstück um ein historisch wertvolles Objekt oder neuzeitlichen Schrott handelt. Auf den ersten Blick ist dies den verschmutzten Funden oft nicht anzusehen. Das Metallsuchgerät ist so eingestellt, daß es Eisen von vornherein ausfiltert und nur Bunt- und Edelmetallfunde anzeigt. Das ist aus wissenschaftlicher Sicht zu verantworten, da Eisen sich in der obersten Bodenschicht sehr schlecht erhält und die Chance, ein römisches Eisenstück zu finden, sehr gering ist. Außerdem sind die Ackerflächen gespickt mit Eisenschrott, der bei der Bestellung in den letzten Jahrhunderten angefallen ist. Eine weitere Quelle unerwünschter Metallfunde sind die Misthaufen der Bauern, die in der Vergangenheit auch als Müllkippe benutzt wurden; mit dem Mist ist auch der Abfall auf die Äcker gewandert. So ist selbst unter den Bunt- und Edelmetallfunden nur ein verschwindend geringer Prozentsatz tatsächlich römisch oder sonstwie von historischem Interesse.

DIE GRABUNG

Die meisten Funde treten jedoch beim systematischen Abtragen der Bodenschichten mit der Schaufel zutage. Auch hier wird, wegen der besonderen Fundsituation des Schlachtfeldes, das Metallsuchgerät eingesetzt, da die empfindlichen Metallteile leicht beschädigt werden könnten. Die Lage der Funde wird vermessen, sie werden mit Fundzetteln versehen, die genaue Angaben zum Fundort und zur Fundzeit enthalten, in Tüten verpackt und dem Restaurator übergeben.

Dipl. Ing. Wolfgang Remme und Horst Nowsky beim Einmessen einer Grabungsfläche.

Viele Fundstücke können jedoch nicht einfach aus dem Boden entnommen werden, sondern müssen aufgrund ihrer Größe oder Empfindlichkeit mit dem umgebenden Erdmaterial geborgen werden. Dazu legt man den Fund großräumig frei, umwickelt ihn mit Gipsbinden und schiebt eine Stahlplatte darunter. Auf dieser Platte wird der Block angehoben und in die Restaurierungswerkstatt gebracht, wo der Restaurator ihn unter optimalen Bedingungen freilegt.

In besonderen Fällen kann es notwendig sein, den Boden durch Schlämmen des Aushubs auf einem feinmaschigen Sieb nach nichtmetallischen Kleinteilen zu durchsuchen.

Ein Fund wird geborgen.

Neben den Funden gibt es jedoch im Boden auch viele weitere Spuren vergangener Zeit, die als Befunde bezeichnet werden. Diese Befunde können

Das Öffnen eines Gipsblocks durch den Restaurator.

Durchschlämmen des Grabungsaushubs auf der Suche nach dem fehlenden Schmuckstein aus der silbernen Schwertscheide.

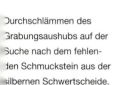

nicht geborgen werden, da es sich größtenteils nur um farbliche Veränderungen des Bodens durch diverse Eingriffe in früherer Zeit oder etwa Mauerreste verschwundener Gebäude handelt. Sie werden an Ort und Stelle dokumentiert, also vermessen, fotografiert und gezeichnet. Meist stehen die Funde in unmittelbarem Zusammenhang mit den Befunden, bei denen sie liegen. So ist es oft nur über die Funde möglich, die Zeitstellung eines Befundes zu bestimmen.

DIE RESTAURIERUNG

Im Magazin der Restaurierungswerkstatt werden die neu hereingekommenen Funde sachgerecht eingelagert, bis sie an der Reihe sind. Nach der Entfernung des groben Schmutzes wird mit mechanischen Mitteln ihre antike Oberfläche freigelegt. Für diese diffizile Arbeit muß der Restaurator meist das Binokular (Mikroskop) benutzen. Oft kann man erst jetzt erkennen, um was es sich eigentlich handelt. Anschließend werden die restaurierten Fundstücke konserviert, das heißt, sie werden z.B. durch die Behandlung mit chemischen Substanzen oder Wachs in einen dauerhaft

Restaurator Holger Becker bei der Arbeit.

Eiserne Beschläge eines Schildes: Fessel, Buckel und Randverstärkung. Länge der Fessel 59,3 cm.

DIE PROSPEKTIONS-
UND GRABUNGSFUNDE

stabilen Zustand gebracht. Ein besonderes Problem stellen dabei die Fundstücke dar, die im Museum ausgestellt werden sollen, da sie dort Licht-, Temperatur- und Luftfeuchtigkeitsschwankungen ausgesetzt sind. Fachgerecht konservierte Edelmetallfunde überstehen dies meist recht gut, Eisenfunde dagegen können nur in speziellen Klimavitrinen ausgestellt werden, da ihnen besonders die Feuchtigkeit sehr zusetzt. Wo diese aufwendigen Vitrinen nicht zur Verfügung stehen, muß man auf originalgetreue Kopien zurückgreifen.

DIE DOKUMENTATION

Bevor die Funde jedoch langfristig in Vitrinen oder Magazinen ihren Aufenthaltsort finden, werden sie fotografiert, gezeichnet, bestimmt und katalogisiert. Aufgabe der Archäologen ist es nicht nur, Funde und Befunde auszugraben, sondern sie auch der Fachwelt und der Öffentlichkeit vorzulegen und sie zu interpretieren. Dies geschieht zum einen in umfangreichen Katalogen und Abhandlungen, die überwiegend für Fachleute geschrieben sind, zum anderen in zusammenfassenden Publikationen wie dem vorliegenden Buch.

Zeichnerin Gabriele Dlubatz

Zeichnung des Helmknaufs.

Knauf eines Infanteriehelms aus Bronze. Höhe 3,1 cm.

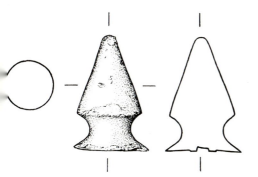

KALKRIESE – ORT DER VARUSSCHLACHT?
DIE INTERPRETATION DER VERSCHIEDENEN FUNDE UND BEFUNDE

Seit der Entdeckung einer Abschrift der Annalen des römischen Historikers Tacitus im Kloster Corvey 1505 gab es über 700 Versuche, den bei diesem Autor nur ungenau beschriebenen Ort der Varusschlacht zu lokalisieren. Allen diesen Vorschlägen fehlte aber das entscheidende Kriterium: aussagekräftige römische Funde. Kalkriese ist der einzige Ort im in Frage kommenden Gebiet, der über archäologische Beweise für eine kriegerische Auseinandersetzung zwischen Römern und Germanen in spätaugusteischer Zeit verfügt. Die über 3500 römischen Funde lassen nur diesen Schluß zu.

Denar mit eingekerbtem Rand (sog. denarius serratus) des C. Naevius Balbus, geprägt 79 v. Chr. Kopf der Göttin Venus, dahinter SC (senatus consultum = auf Beschluß des Senats).

Der Nachweis, daß in der Gegend von Kalkriese tatsächlich der Ort der Varusschlacht oder zumindest ein Teil derselben entdeckt wurde, ist aber nur über eine genaue Datierung des Fundmaterials zu erbringen, solange inschriftliche Belege fehlen. Unter den Funden können allein die Münzen zeitlich exakt bestimmt werden. Mittlerweile sind fast 1500 römische Münzen bei der Prospektion und den Ausgrabungen ans Tageslicht befördert worden. Einen nicht unerheblichen Anteil haben Geldstücke aus der Zeit der römischen Republik vom 2. Jahrhundert bis ca. 30 v. Chr., die Masse stammt jedoch aus der Regierungszeit des Kaisers Augustus. Für die Er-

2 Denare des C. Iulius Caesar, geprägt 49/48 v. Chr. Links: Attribute des obersten römischen Priesters *(pontifex maximus)*; rechts: Ein Elefant zertrampelt einen am Boden liegenden Drachen(?); dies soll verdeutlichen, wie die Armee Caesars mit den Feinden umgeht.

Denar des Sextus Pompeius, geprägt 42/40. Oben: Kopf des Gottes Neptun, dahinter Dreizack; unten: Trophäe von einem Seesieg auf einem Anker. Beide Seiten der Münze weisen auf die Seeherrschaft des Sextus Pompeius in jenen Jahren hin.

KALKRIESE - ORT DER
VARUSSCHLACHT?

Aureus des Augustus, geprägt zwischen 18 und 16 v. Chr. Vorderseite: Kopf des Augustus. Rückseite: Elefanten-Zweigespann auf einem Torbogen.

Denar des Augustus, geprägt 18/16 v. Chr. Im Sternzeichen des Capricorn (Steinbock) wurde Augustus gezeugt. Die Verbindung dieses Glückssymbols mit dem Füllhorn über dem Rücken, der Weltkugel zwischen den Vorderbeinen und dem Steuerruder unter dem Bauch verdeutlicht den Anspruch auf die Weltherrschaft und die Schaffung von Wohlstand.

Denar des Augustus, geprägt 19 v. Chr. Die dargestellten Waffen und Feldzeichen und die Inschrift SIGNIS RECEPTIS erinnern an die Wiedergewinnung der im Jahre 53 v. Chr. durch Crassus an die Parther verlorenen Feldzeichen.

Denar des Augustus, geprägt zwischen 2 v. und 1 n. Chr. Vorderseite Kopf des Augustus. Rückseite: Die designierten Thronfolger des Augustus Caius Caesar und Lucius Caesar; sie sind mit der Toga bekleidet, tragen jedoch Speer und Schild; zwischen ihnen Schöpfkelle und Krummstab als Priestersymbole.

klärung des Fundplatzes Kalkriese sind nur diese jüngsten Münzen von Bedeutung, während die älteren zeigen, daß in Rom Geld sehr lang in Umlauf war.

Das untere Ende des möglichen Datierungszeitraums bestimmen die sogenannten Gaius/Lucius-Denare, die zwischen 2 v. und 1 n. Chr. geprägt wurden. Sie sind die jüngsten Münzen von Kalkriese und unter den Silberwerten die weitaus häufigsten. Die Obergrenze wird durch das Fehlen von Kupfermünzen bestimmt, die ab 10 n. Chr. in Lyon für die nördlichen Provinzen des Reichs geprägt wurden. Durch die Prägedaten ist der Fundniederschlag in Kalkriese also auf die Jahre 2 v. bis 10 n. Chr. beschränkt.

Eine genauere Datierung können die Gegenstempel bieten, die auf vielen Kupfermünzen angebracht sind. Die Bedeutung dieser Gegenstempel ist noch nicht endgültig geklärt, sie scheinen jedoch immer dann aufgebracht worden zu sein, wenn Geld als Geschenk an Soldaten verteilt wurde. In Kalkriese kommen folgende Gegenstempel vor: IMP (für Imperator = Herrscher), AVG (für Augustus) C. VAL (für Gaius Numonius Vala, einen Legaten des Varus), VAR (für Publius Quinctilius Varus). Besonders die Gegenstempel des Varus, die nur in den Jahren 7 bis 9 n. Chr. aufgebracht worden sein können, müssen zur Datierung und Deutung herangezogen werden. Da in den Jahren der Statthalterschaft des Varus vor 9 n. Chr. keine kriegerischen Ereignisse aus Germanien überliefert sind, müssen die Funde von Kalk-

KALKRIESE - ORT DER
VARUSSCHLACHT?

riese nach heutigem Erkenntnisstand im Zusammenhang mit der Varusschlacht stehen. Nach dieser Schlacht waren erst in den Jahren 14 bis 16 n. Chr. wieder römische Truppen unter Führung des Germanicus im nördlichen Germanien anwesend. Bis jetzt gibt es noch keine Funde in Kalkriese, die eindeutig dieser Zeit zuzuordnen wären, besonders fehlen, wie bereits erwähnt, die nach 10 n. Chr. geprägten Münzen.

Unklar ist bisher, zu welchem Zeitpunkt innerhalb des mehrtägigen Schlachtverlaufs die Funde und Befunde von Kalkriese in den Boden gelangt sind. Die Auffindung eines der Nachtlager würde hier mehr Klarheit verschaffen. Obwohl das Ausgrabungsprojekt bereits seit über zehn Jahren läuft und vieles geklärt werden konnte, tauchen mit jedem neuen Grabungsschnitt auch neue Fragen auf. Ein Ende der archäologischen Arbeiten ist noch nicht abzusehen.

Kupfermünze des Augustus (As), geprägt 7–3 v. Chr. in Lyon. Vorderseite Kopf des Augustus. Rückseite: Altar der Roma und des Augustus in Lyon mit Gegenstempel IMP.

As der Lyoner Altarserie mit Gegenstempel AVC.

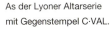

As der Lyoner Altarserie mit Gegenstempel C·VAL.

As der Lyoner Altarserie mit den Gegenstempeln AVC und VAR.

85

KALKRIESE – MUSEAL BETRACHTET

Der Weg eines Fundes von seiner ersten Entdeckung bei der archäologischen Ausgrabung bis zur Ausstellung im Museum ist oft lang: Häufig vergehen viele Jahre, bis archäologische Funde der Öffentlichkeit gezeigt werden können. In Kalkriese war und ist das anders. Die ersten systematischen Ausgrabungen, mittels derer die Archäologen auf die Spur der Varusschlacht kamen, begannen 1989. Bereits im Frühjahr 1990 wurden die ersten der sensationellen neuen Funde aus Kalkriese im Kulturhistorischen Museum Osnabrück präsentiert. Eine größere Ausstellung, gänzlich dem Thema Kalkriese gewidmet, konnte ab März 1993 in Osnabrück besichtigt werden. Daß dieses Thema brennend interessierte, zeigt die Besucherstatistik: 40.000 kamen, um sich über die Ausgrabungen und ihre Ergebnisse zu informieren. Ungewöhnlich war, daß mit dieser Ausstellung versucht wurde, die Besucher direkt an laufenden und ganz aktuellen Forschungen teilhaben zu lassen. Auf ihrer Wanderschaft durch neun weitere Museen machte die Präsentation bis 1995 dann auch Bayern und Baden-Württemberg, Berlin, Hessen und Nordrhein-Westfalen mit dem Thema »Kalkriese« bekannt.

Am Ort der Ausgrabungen selbst fanden sich ebenfalls von Anfang an Besucher ein, die den Archäologen einmal über die Schulter blicken wollten. Um dieses große Interesse etwas zu kanalisieren, boten schon während der ersten Grabungskampagnen engagierte Führer/innen die Möglichkeit, archäologische Feldarbeit von Grund auf kennenzulernen. Ab 1993 öffnete dann ein Informationsraum im Hof Niewedde, der in unmittelbarer Nachbarschaft der Hauptausgrabungsstätte in Kalkriese liegt, seine Pforten. Hier konnten Repliken einiger Exponate, Informationstafeln und ein Videofilm angeschaut werden. Doch die Dynamik, welche das Projekt Kalkriese auch in musealer Hinsicht prägt, war damit noch lange nicht an ihrem Endpunkt angelangt: Bald war klar, daß der kleine Informationsraum für die immer zahlreicher nach Kalkriese strömenden

KALKRIESE – MUSEAL BETRACHTET

»Die Varusschlacht – eine Legende wird ausgegraben«. Blick in den Ausstellungsraum.

Besucher nicht mehr ausreichte. So wurde ein ehemaliger Bullenstall des Hofes Niewedde mit großer Unterstützung von Förderern des Projektes und ehrenamtlich Engagierten zu einem geräumigen Ausstellungsraum mit Cafeteria und Vortragsraum umgebaut.

»Die Varusschlacht – eine Legende wird ausgegraben« – unter diesem Titel ist seit April 1997 die »Ausstellung im Stall« zu besichtigen. Germanen und Römer, Archäologen und Forscher des 19. Jahrhunderts sind die Protagonisten der Präsentation. 5000 rote Spielfiguren – nicht ganz der Umfang einer römischen Legion – begleiten die Besucher in die Ausstellung. Ein großes Schlammphoto mit Fuß- und Hufabdrücken und Wagenspuren auf dem Boden läßt dann zunächst stutzen… doch schnell wird klar, daß hier einer der Schlüssel zur Deutung von Kalkriese verborgen liegt: Ungünstige naturräumliche Gegebenheiten, ein Engpaß, in den die Römer gerieten, schlechte Witterungsbedingungen mit Regen und Sturm und ein gezielt angelegter Hinterhalt der Germanen brachten die römischen Legionen zu Fall. Mit ihren schweren Ausrüstungsgegenständen hatten sie im schlammigen Gelände am Fuße des Kalkrieser Berges gegen die leicht bewaffneten und ortskundigen Germanen kaum eine Chance.

Um dieses zentrale »schlammige« Ausstellungselement herum gruppieren sich verschiedene Themenbereich: vom »Legionär« bis zur »Rezeptionsgeschichte«. Bei den präsentierten Objekten liegt der Schwerpunkt natürlich auf den Funden aus Ausgrabungen in und um Kalkriese ... zum größeren Teil römische Objekte. Die Spuren, welche die Germanen hinterlassen haben, sind unscheinbarer, aber nicht weniger spannend. Die Ausstellung versucht, die oft kleinen Objekte in unterschiedlicher Weise zum Sprechen zu bringen. Dazu gehören Rekonstruktionen und Illustrationen, aber auch Ausstellungsteile, in denen Besucher selbst aktiv werden können: beim Mahlen auf einer römischen Mühle, Anprobieren einer Legionärssandale oder Wettkämpfen in römischen Spielen.

Seit Ende 1998 ist ein weiteres wichtiges Element der musealen Präsentation hinzugekommen: ein Kindermuseum. Unter dem Motto »Kinder machen Museum« haben drei Schulklassen ihre ganz eigenen Vorstellungen eines Museums über Römer, Germanen und Kalkriese verwirklicht. Die Themen, für die sich die Kinder entschieden haben, erstaunen zunächst: Nicht das Kriegsereignis zwischen Römern und Germanen, sondern ihr Privatleben mit Gerätschaften der Alltagskultur, Kleidung und Spielen sollte im Kindermuseum ausgestellt werden. Das Ergebnis dieses Projektes kann nun in Kalkriese besichtigt werden ... weitere derartige Projekte sind in Planung.

Zu einem lebendigem Museum gehört natürlich noch viel mehr. Die vielfältigen Führungsangebote zum Beispiel, die von Gruppen und Schulklassen, Vereinen und Einzelbesuchern gern wahrgenommen werden. Daneben gibt es auch andere museumspädagogische Veranstaltungen für Klein und Groß: Versuche in römischen und germani-

KALKRIESE – MUSEAL BETRACHTET

schen Handwerkstechniken, die Möglichkeit, antike Kleidung an- und auszuprobieren, experimentelle Archäologie zum Mitmachen oder unterschiedliche Vortragsveranstaltungen gehören zum Programm.

Bei größeren »Events« in Kalkriese versammeln sich (zeitgenössische) Römer und Germanen friedlich, zeigen ihre unterschiedlichen Lebensweisen und lassen Geschichte lebendig werden. Die Schlacht wird dabei allerdings nicht nachgestellt, denn dieses Ereignis mit seinem ganzen

schrecklichen Ausmaß ist kaum als Unterhaltung Tausender an einem schönen Sommertag vorstellbar. Statt dessen gibt es bei diesen Veranstaltungen oft die Möglichkeit, sich direkt vor Ort bei den Projektmitarbeitern mit den vielfältigen Aspekten der Erforschung und Ausgrabung ebendieser Schlacht vertraut zu machen und sich so von einer ganz anderen Seite der Vergangenheit zu nähern.

Museumspädagogik in Kalkriese:
Große Erlebnisse
für kleine Besucher.

89

40.000 Besucher und Besucherinnen im Jahr – das ist für ein »ländliches« Museum wie Kalkriese recht beachtlich. Doch ebenso wie die Ausgrabungen und ihre Ergebnisse immer weiter voranschreiten, so entwickeln sich auch die Planungen für deren Vermittlung. Direkt am Ort der Ausgrabungen entsteht heute ein Park, der in ungewöhnlicher Weise Archäologie und Geschichte, Landschaft und jene Ereignisse, die in ihr geschahen, visualisiert und kommuniziert. Der Park als Teil eines der Weltweiten Projekte der EXPO in Hannover wird im Jahre 2000 fertiggestellt. Ein eigenständiges Museum, neuartig in Konzeption und Architektur, soll im Jahre 2001 eröffnet werden.

Experimentelle Archäologie: Bau eines Germanenhauses in Kalkriese.

KALKRIESE – MUSEAL BETRACHTET

Nach Abschluß der »heißen« Planungs- und Konzeptionsphase für »Museum & Park Kalkriese« soll in dieser Institution auch wissenschaftliche Grundlagenarbeit zu museumsspezifischen ebenso wie didaktischen Fragestellungen ihren Raum finden: etwa über den Umgang mit einer Fundstelle wie Kalkriese, einem Schlachtfeld, auf dem unzählige Menschen ihr Leben lassen mußten, gleichzeitig ein Ort, auf den – obwohl seine genaue Lage lange nicht bekannt war – nationales Pathos, germanische Heldenverehrung und eine Vielzahl von Mythen projiziert worden sind. So wird Kalkriese auch in Zukunft ein lebendiges und sehr dynamisches Ausgrabungs-, Forschungs- und Museumsprojekt bleiben.

Silberner Löffel mit geriefeltem Stiel. Länge 11,3 cm

DIE ANTIKEN SCHRIFTLICHEN QUELLEN ZUR VARUSSCHLACHT

Unter den römischen Geschichtsschreibern ist nur Velleius Paterculus ein Zeitgenosse der Ereignisse und zudem ein Kenner der germanischen Verhältnisse, da er an den Feldzügen des Tiberius teilgenommen hatte. Er verweist in seinen kurzen Ausführungen auf ein eigenes Werk über die Varusschlacht, das aber leider nicht erhalten ist. Auch der nur ca. 100 Jahre später schreibende und recht zuverlässige Tacitus berichtet nur indirekt, im Zusammenhang mit dem Feldzug des Germanicus im Jahre 15 n. Chr., über die zurückliegenden Ereignisse. Alle anderen Schriften sind deutlich später entstanden. Da die späteren Historiker teilweise unterschiedliche Quellen benutzten, unterscheiden sich ihre Schilderungen im Detail deutlich. Die wichtigsten Quellen werden hier in deutscher Übersetzung wiedergegeben.

Die Texte wurden mit freundlicher Erlaubnis des Verlages der kommentierten Quellensammlung von J. HERRMANN (Hrsg.), Griechische und lateinische Quellen zur Frühgeschichte Mitteleuropas bis zur Mitte des 1. Jahrtausends u. Z., 2. u. 3. Teil. Akademie Verlag, Berlin 1991, entnommen.

VELLEIUS PATERCULUS
(*CA. 20 V. CHR. – † UNBEKANNT) 2, 117–119:
DIE NIEDERLAGE DES VARUS

Der Caesar (d. h. Tiberius) hatte gerade erst den pannonischen und dalmatischen Krieg beendet, als innerhalb von fünf Tagen nach Vollendung eines so gewaltigen Werkes Trauerbotschaften aus Germanien die Nachricht brachten, (P. Quintilius) Varus sei getötet, drei Legionen und ebensoviele Reitergeschwader sowie sechs Kohorten seien niedergemacht worden, als ob wenigstens darin das Schicksal mit uns Nachsicht übte, daß nicht ‹***›, als der Feldherr (noch anderwärts) beschäftigt war. Sowohl die Angelegenheit selbst als auch die Person erfordern, ausführlicher darauf einzugehen. Quintilius Varus stammte aus einer

DIE ANTIKEN
SCHRIFTLICHEN
QUELLEN

eher berühmten als vornehmen Familie, war von
sanfter Gemütsart, ruhigen Umgangsformen und
körperlich wie geistig etwas schwerfällig. Er war
mehr an das geruhsame Lagerleben als an den Ge-
fechtsdienst gewöhnt. Wie wenig er wahrlich das
Geld verachtete, kann Syrien bezeugen, das er
verwaltet hatte. Arm kam er in ein reiches Land,
reich verließ er ein armes Land. Als er das Heer,
das in Germanien stand, kommandierte, meinte
er, (die Germanen) seien Menschen, die außer
Sprache und Gestalt nichts Menschliches hätten,
und wer sich mit dem Schwert nicht bändigen las-
se, könne mittels des Rechts besänftigt werden.
Mit diesem Vorsatz ging er ins Innere Germaniens
wie zu Menschen, die sich an der Süßigkeit des
Friedens freuten, und zog die Sommerkampagne
hin mit Rechtsprechen und formvollendeter Ver-
handlungsführung.

Jene hingegen sind, wie kaum einer glaubt, der sie
nicht kennt, bei all ihrer Wildheit äußerst schlau
und ein zur Lüge geborener Menschenschlag. Sie
täuschen eine erdichtete Reihe von Rechtsstreitig-
keiten vor, fordern einander vor Gericht, sagen
dann wieder Dank, weil die römische Gerechtigkeit den Fall geschlichtet habe, und ihre Wildheit
durch das Neue der bisher unbekannten Ordnung sich schon mildere. Denn was man gewohnt
war, mit den Waffen zu entscheiden, werde nun
durch das Recht geordnet. So verleiteten sie den
Quintilius zu größter Sorglosigkeit, und es kam
sogar dahin, daß er glaubte, er spräche als Stadt-
prätor auf dem Forum (in Rom) Recht und stehe
nicht mitten im germanischen Gebiet an der Spitze eines Heeres. Da nutzte ein junger Mann aus
edlem Geschlecht, stark heißblütig und von weit
rascherem Verstand als (üblicherweise) Barbaren,
namens Arminius, der Sohn des Sigimerus, eines
Fürsten dieses Stammes, der sein Temperament
im Mienenspiel und in seinen Blicken zeigte, unsere voraufgehenden Kriegszüge ständig begleitet
und neben dem römischen Bürgerrecht auch die
Würde des Ritterstandes erreicht hatte, die Nach-
lässigkeit des Heerführers zu einem Verbrechen

aus. Sehr klug hatte er erkannt, daß derjenige besonders rasch besiegt werden kann, der nichts befürchtet, und daß fast immer Sorglosigkeit am Beginn eines Unglücks steht. Zunächst weihte er nur wenige, dann mehrere in seine Pläne ein. Er sagt und beweist ihnen, daß die Römer besiegt werden können. Den Beschlüssen läßt er Taten folgen und bestimmt den Zeitpunkt des Überfalls. Dies wird Varus durch einen treuen Mann dieses Stammes aus berühmter Familie, Segestes, angezeigt. Er forderte auch ‹***›. Doch das Schicksal (war schon stärker als) die Entschlüsse (des Varus) und hatte ihm all seine Verstandesschärfe genommen. So geschieht es gewöhnlich, daß die Gottheit, die das Glück eines Menschen wandeln will, ihn der Urteilsfähigkeit beraubt und, was am meisten zu beklagen ist, den Eindruck hervorruft, was geschehen ist, sei ihm auch ganz recht geschehen. So wird der Unfall zur Schuld. Daher weigert er sich, der Sache Glauben zu schenken, und erklärt, daß er die Erwartung auf loyale Haltung ihm gegenüber nach den Verdiensten (eines Mannes) einschätze. Nach der ersten Anzeige blieb nicht länger Zeit für eine zweite.

Den Ablauf des schrecklichsten Unglücks, wie es nach der Niederlage des (M. Licinius) Crassus bei den Parthern kein schlimmeres unter fremden Völkern für die Römer gegeben hat, will ich, so wie andere dies getan haben, in einem entsprechenden Buch darzulegen versuchen. Hier soll nur das Wichtigste in Trauer berichtet werden. Das Heer – es war das tapferste von allen und nach Zucht, Schlagkraft und Erfahrung in vielen Kriegen unter allen römischen Truppen das erste – wurde durch die Schlaffheit des Führers, die Hinterlist des Feindes und ein ungerechtes Schicksal eingeschlossen, wobei ihnen, wie gern sie dies auch wollten, nicht einmal eine straflose Gelegenheit zum Kampf oder Ausbruch gegeben war, ja sogar mit harter Strafe wurden einige belegt, weil sie Römerwaffen und Römermut gebrauchten. Das Heer wurde von Wäldern, Sümpfen und Hinterhalten eingeschlossen und von

DIE ANTIKEN
SCHRIFTLICHEN
QUELLEN

einem Feinde bis zur völligen Vernichtung niedergemetzelt, den es stets wie Vieh abgeschlachtet
und über dessen Leben oder Tod es einmal im
Zorn ein anderes Mal mit Nachsicht entschieden
hatte. Der Heerführer hatte mehr Mut zu sterben
als zu kämpfen und tötete sich selbst, dem Beispiel seines Vaters und Großvaters folgend. So
rühmlich wenigstens das Beispiel des einen Lager-
präfekten, des L. Eggius, war, so schimpflich ver-
hielt sich der andere, Celonius, der, als die
Schlacht den weitaus größten Teil der Soldaten
schon vernichtet hatte, die Kapitulation veranlaßte und lieber durch das Henkerbeil als im Kampf
sterben wollte. Numonius Vala aber, der Legat
des Varus, gewöhnlich ein ruhiger und rechtschaf-
fener Mann, gab ein unheilvolles Beispiel, indem
er das Fußvolk ohne Reiterschutz ließ und mit
den Alen fluchtartig abrückte, um den Rhein zu
erreichen. Seine Untat wurde vom Schicksal ge-
rächt, denn er überlebte die von ihm im Stich ge-
lassenen Soldaten nicht, sondern fiel als Deser-
teur. Den halbverbrannten Körper des Varus hatte
der wilde Feind zerfleischt. Sein Haupt wurde
vom Rumpf getrennt, zu Maroboduus gebracht
und von diesem zum Kaiser (d. h. Augustus) geschickt und trotz allem durch Beisetzung im Fa-
miliengrab geehrt.

TACITUS (55 – 120 N. CHR.), ANN. I, 59–62:
DER SOMMERFELDZUG DES JAHRES 15 N. CHR.

Die Kunde von der Unterwerfung und der wohlwollenden Aufnahme des Segestes wird, je nachdem man dem Kriege abgeneigt war oder ihn wünschte, mit Hoffnung oder mit Schmerz aufgenommen. Arminius trieb außer seiner angeborenen Heftigkeit der Gedanke, daß seine Gattin geraubt und ihre Leibesfrucht der Sklaverei unterworfen sei, wie einen Rasenden umher. Er flog durch das Land der Cherusker und rief zum Kampf gegen Segestes, zum Kampf gegen den Caesar (d. h. Germanicus) auf. Auch Schmähungen hielt er nicht zurück: Ein herrlicher Vater, ein großer Feldherr, ein tapferes Heer, die mit zahllosen Händen ein einziges schwaches Weib fortgeschleppt hätten! Vor ihm seien drei Legionen und ebensoviel Legaten in den Staub gesunken! Denn er führe Krieg nicht mit Verrat und nicht gegen schwangere Frauen, sondern offen gegen bewaffnete Männer. Noch seien in den Hainen der Germanen die römischen Feldzeichen zu sehen, die er den heimischen Göttern geweiht habe. Möge Segestes auf dem unterworfenen Rheinufer wohnen! Möge er seinem Sohn das Priestertum für Menschen wiederverschaffen! Niemals würden die Germanen ganz verzeihen, daß sie zwischen Elbe und Rhein Ruten und Beile und die Toga hätten sehen müssen! Andere Stämme, die nichts vom Römischen Reich wissen, hätten Hinrichtungen noch nicht kennengelernt und wüßten nichts von Steuern. Da sie das alles nun abgeschüttelt hätten, da unverrichteterdinge jener unter die Götter erhobene Augustus, jener auserkorene Tiberius abgezogen seien, sollten sie sich doch nicht vor einem unerfahrenen Jüngling, vor einem aufrührerischen Heer fürchten! Wenn sie die Heimat, die Eltern und die alten Verhältnisse mehr liebten als Zwingherren und neue Römerstädte, sollten sie lieber dem Arminius als Führer zu Ruhm und Freiheit folgen als Segestes, der sie zu schmachvoller Knechtschaft führe.

DIE ANTIKEN
SCHRIFTLICHEN
QUELLEN

Durch solche Reden wurden nicht nur die Cherusker, sondern auch die Nachbarstämme aufgewiegelt, und Inguiomerus, des Arminius Onkel von väterlicher Seite, wurde auf dessen Seite hinübergezogen, obwohl er bei den Römern seit langer Zeit in Ansehen stand. Dieser Vorfall steigerte die Besorgnis des Caesars. Und damit der Krieg nicht auf einmal mit voller Wut hereinbreche, schickte er, um die feindlichen Kräfte zu zersplittern, Caecina (Severus) mit vierzig römischen Kohorten durchs Bruktererland bis an die Ems. Die Reiterei führte der Präfekt (Albinovanus) Pedo durch das Gebiet der Friesen. Er selbst ließ vier Legionen einschiffen und fuhr mit ihnen über die Seen, und zu gleicher Zeit trafen Fußtruppen, Reiterei und Flotte an dem vorher bestimmten Fluß zusammen. Die Chauken wurden, da sie die Stellung von Hilfstruppen versprachen, in die Heeresgemeinschaft aufgenommen. Die Brukterer, die ihr eigenes Land niederbrannten, schlug L. Stertinius, von Germanicus abkommandiert, mit leichtbewaffneten Truppen in die Flucht. Während des Mordens und des Plünderns fand er den Adler der XIX. Legion, der mit (Quintilius) Varus verlorengegangen war. Sodann wurde der Heereszug bis in die äußersten Teile des Bruktererlandes geführt und alles Land zwischen den Flüssen Ems und Lippe verwüstet, nicht weit vom Teutoburger Wald, in dem, wie es hieß, die Überreste des Varus und seiner Legionen noch unbestattet lagen.

Da ergriff den Caesar das Verlangen, den Soldaten und ihrem Feldherrn die letzte Ehre zu erweisen, und das gesamte anwesende Heer war in wehmütiger Stimmung im Gedanken an Verwandte und Freunde, ja auch wegen der Wechselfälle des Krieges und des Loses der Menschen. Caecina wurde vorausgeschickt, um die verborgenen Schluchten des Waldgebirges zu durchforschen sowie Brücken und Dämme in dem feuchten Sumpfland und den trügerischen Ebenen anzulegen. Dann gelangte man an die traurigen Stätten, die für den Anblick wie für die Erinnerung grauenvoll waren. Das erste Lager des Varus ließ an seinem weiten

Umfang und an der Absteckung des Hauptplatzes die Arbeit von drei Legionen erkennen. Danach sah man an dem halbeingestürzten Wall und dem niedrigen Graben die Stelle, an der sich die bereits zusammengeschmolzenen Reste festgesetzt hatten. Mitten auf dem Felde lagen bleichende Knochen, zerstreut oder in Haufen, je nachdem sie von Flüchtigen oder von einer noch Widerstand leistenden Truppe stammten. Daneben lagen zerbrochene Waffen und Pferdegerippe, an Baumstämmen waren Schädel befestigt. In Hainen in der Nähe standen die Altäre der Barbaren, an denen sie die Tribunen und die Zenturionen ersten Ranges geschlachtet hatten. Männer, die jene Niederlage überlebt hatten und aus der Schlacht oder der Gefangenschaft entkommen waren, berichteten, hier seien die Legaten gefallen, dort seien die Legionsadler erbeutet worden, wo Varus die erste Wunde erhalten, wo er durch einen mit unseliger Hand selbstgeführten Stoß den Tod gefunden habe, von welcher Erhöhung herab Arminius zu dem versammelten Heer gesprochen, wieviele Kreuzbalken für die Gefangenen, welche Gruben er habe machen lassen, und wie er im Übermut die Feldzeichen und Adler verspottet habe.

So bestattete das römische Heer, das jetzt da war, sechs Jahre nach der Niederlage die Gebeine der drei Legionen. Da niemand wußte, ob er die Reste Fremder oder die seiner Angehörigen mit Erde bedeckte, begruben sie sie alle als Freunde und Blutsverwandte, unter wachsendem Zorn gegen die Feinde, trauernd und zugleich erbittert. Das erste Rasenstück zur Errichtung des Grabhügels legte der Caesar hin. So erwies er den Toten den größten Liebesdienst und bekundete den Lebenden seine Teilnahme an ihrer Trauer. Tiberius billigte dies alles nicht, sei es, weil er jede Maßnahme des Germanicus negativ beurteilte, sei es, weil er glaubte, der Anblick der Erschlagenen und Unbestatteten müßte den Kampfgeist des Heeres lähmen und es furchtsamer gegenüber den Feinden machen. Auch hätte sich der Oberfeldherr als Inhaber der Augu-

DIE ANTIKEN
SCHRIFTLICHEN
QUELLEN

renwürde und uralter religiöser Weihen nicht mit
Leichenbestattung befassen dürfen.

FLORUS (LEBENSDATEN UNBEKANNT) 2,30:
DIE NIEDERLAGE DES VARUS

Doch es ist schwieriger, Provinzen zu behalten,
als sie zu schaffen. Mit bewaffneter Macht erringt
man sie, durch Gerechtigkeit erhält man sie sich.
So war die Freude nur kurz. Denn die Germanen
waren eher besiegt als gebändigt, und sie achteten
unter dem Feldherrn Drusus unsere Lebensart
mehr als die Militärmacht. Nachdem dieser ge-
storben war, begannen sie, die Gier und den
Hochmut des Quintilius Varus nicht weniger als
seine Grausamkeit zu hassen. Er wagte es, einen
Landtag abzuhalten, und erließ unvorsichtig Vorschriften, als könnte er der Gewalttätigkeit der
Barbaren durch die Ruten des Liktors und die
Stimme des Herolds Einhalt gebieten. Jene dagegen, die schon längst wegen ihrer roststumpfen
Schwerter und der untätig herumstehenden Pfer-
de murrten, griffen, sobald sie der (römischen)
Togen gewahr wurden und der Gerichtsentschei-
dungen, die schlimmer als die Waffen wüteten,
unter der Führung des Arminius zu den Waffen.
Derweil vertraute Varus dem Frieden so sehr, daß
er sich nicht einmal beunruhigte, als Segestes als
einziger der Fürsten die Verschwörung verriet. So
griffen sie den Ahnungslosen und nichts derarti-
ges Befürchtenden überraschend an, als jener –
welche Sorglosigkeit! – Leute vor Gericht lud,
und von allen Seiten brachen sie herein. Das Lager wurde ausgeraubt, drei Legionen wurden
überwältigt. Varus folgte dem allgemeinen Unter-
gang mit gleichem Schicksal und in gleichem
Geist wie (L. Aemilius) Paulus am Tag (der
Schlacht) von Cannae. Nichts war blutiger als dieses Gemetzel in Sümpfen und Wäldern, nichts
war unerträglicher als der Hohn der Barbaren, besonders aber gegenüber den Gerichtsherren. Den
einen stachen sie die Augen aus, den anderen hie-
ben sie die Hände ab; einem wurde der Mund zu-

genäht, zuvor aber die Zunge herausgeschnitten.
Diese hielt ein Barbar in der Hand und sagte:
»Endlich hast du Natter aufgehört zu zischen.«
Selbst der Leichnam des Konsuls, den die Soldaten aus Ehrfurcht beerdigt hatten, wurde wieder
ausgegraben. Feldzeichen und zwei Legionsadler
besitzen die Barbaren noch heute; bevor der dritte in die Hände der Feinde geraten konnte, riß ihn
der Standartenträger ab, steckte in ihn die Öff-
nungen seines Wehrgehenks und verbarg sich so
im blutigen Sumpf. Diese Niederlage bewirkte,
daß die (römisehe) Herrschaft, die an der Küste
des Ozeans nicht halt gemacht hatte, am Rheinufer ihre Grenze fand.

CASSIUS DIO (*162/3 N. CHR. – † UNBEKANNT)
65,18–23:
DIE SCHLACHT IM TEUTOBURGER WALD

All diese Beschlüsse (über Ehrungen für Tiberius
und Germanicus) waren kaum angenommen
worden, als eine furchtbare Nachricht aus Germanien kam, die sie zum Abbruch der Sieges-
feiern zwang. Denn gerade zu jener Zeit war fol-
gendes im Keltenland (d. h. Germanien)
geschehen: Die Römer besaßen zwar einige Teile
dieses Landes, doch kein zusammenhängendes
Gebiet, sondern wie sie es gerade zufällig erobert
hatten; deshalb berichtet auch die geschichtliche
Überlieferung darüber nichts. Ihre Soldaten be-
zogen hier ihre Winterquartiere, Städte wurden
gegründet, und die Barbaren paßten sich ihrer (d.
h. der römischen) Lebensweise an, besuchten die
Märkte und hielten friedlich Zusammenkünfte ab.
Freilich hatten sie auch nicht die Sitten ihrer Vä-
ter, ihre angeborene Wesensart, ihre unabhängige
Lebensweise und die Macht ihrer Waffen verges-
sen. Solange sie also nur allmählich und auf be-
hutsame Weise hierin umlernten, fiel ihnen der
Wechsel ihrer Lebensweise nicht schwer, ja sie
fühlten die Veränderung nicht einmal. Als aber
Quintilius Varus den Oberbefehl über Germanien
übernahm und sie zu rasch umformen wollte, in-

DIE ANTIKEN
SCHRIFTLICHEN
QUELLEN

dem er ihre Verhältnisse kraft seiner Amtsgewalt regelte, ihnen auch sonst wie Unterworfenen Vorschriften machte und insbesondere von ihnen wie von Untertanen Tribut eintrieb, da hatte ihre Geduld ein Ende. Die Anführer versuchten sich wieder der früheren Herrschaft zu bemächtigen, und das Volk wollte lieber den altgewohnten Zustand als die fremde Tyrannei. Eine offene Empörung vermieden sie zwar, weil sie die große Zahl der Römer sowohl am Rhein als auch im Innern ihres eigenen Landes sahen. Vielmehr empfingen sie Varus, als ob sie all seine Forderungen erfüllen wollten, und lockten ihn so weit vom Rhein weg in das Gebiet der Cherusker und zur Weser. Auch hier verhielten sie sich so friedlich und freundschaftlich, daß sie ihn zu dem Glauben verleiteten, sie würden auch ohne militärischen Zwang die Knechtschaft ertragen. Daher hielt er auch seine Legionen nicht, wie es doch in Feindesland angebracht gewesen wäre, zusammen, sondern stellte zahlreiche Mannschaften zur Verfügung, wenn sie (d. h. die Germanen), weil sie selbst zu schwach seien, ihn darum zum Schutz gewisser Landesteile, zur Ergreifung von Räubern oder zum Geleit von Lebensmittelfuhren ersuchten. Die eigentlichen Häupter der Verschwörung und Anstifter des Anschlages und des Krieges waren aber vor allem Arminius und Segimerus, die ihn ständig begleiteten und oft auch seine Tischgäste waren. Als er nun voll Selbstvertrauen war, nichts Böses erwartete und allen, die die Vorgänge mit Mißtrauen betrachteten und ihn zur Vorsicht mahnten, nicht nur keinen Glauben schenkte, sondern sie sogar zurechtwies, weil sie sich grundlos beunruhigten und jene Männer vereumdeten, da erhoben sich als erste einige entfernt von ihm wohnende (Stämme), und zwar nach abgesprochenem Plan, damit Varus, wenn er gegen diese zöge, auf dem Marsche leichter überrumpelt werden könne, da er ja durch Freundesland zu ziehen glaubte, und damit er nicht, wie bei einem plötzlichen allgemeinen Losschlagen, besondere Sicherheitsvorkehrungen treffe. Und so geschah es; sie begleiteten ihn beim Aufbruch,

blieben dann aber zurück, um, wie sie sagten, die
Streitkräfte der Bundesgenossen zusammenzuzie-
hen und ihm so schnell wie möglich zu Hilfe zu
kommen, übernahmen ihre Truppen, die irgend-
wo bereit standen, ließen die bei ihnen jeweils sta-
tionierten und vorher angeforderten (römischen)
Soldaten umbringen und zogen nun gegen ihn, als
er schon in schwer passierbare Gebirgswälder geraten war. Und kaum hatte es sich herausgestellt,
daß sie Feinde statt Unterworfene waren, da rich-
teten sie auch schon unermeßliches Unheil an.

Das Gebirge war nämlich reich an Schluchten und
uneben, die Bäume standen dicht und überhoch
gewachsen, so daß die Römer schon vor dem
feindlichen Überfall mit dem Fällen der Bäume,
dem Bauen von Wegen und Brücken, wo es sich
erforderlich machte, große Mühe hatten. Sie führten auch viele Wagen und Lasttiere mit sich, wie
mitten im Frieden. Dazu folgten ihnen nicht wenige Kinder und Frauen sowie der übrige riesige
Troß, so daß sie schon deshalb weit auseinander-
gezogen marschieren mußten. Gleichzeitig brachen noch heftiger Regen und Sturm los und zer-
sprengten sie noch mehr; der Boden, um die
Wurzeln und unten um die Baumstämme herum
schlüpfrig geworden, machte jeden Schritt für sie
zu einer Gefahr, und abbrechende und herabstür-
zende Baumkronen schufen ein großes Durcheinander. Während sich die Römer in einer derart
verzweifelten Lage befanden, kreisten sie die Barbaren, die ja alle Schleichwege kannten und un-
vermutet selbst aus den dichtesten Wäldern her-
vorkamen, von allen Seiten zugleich ein. Anfangs
schossen sie nur von weitem, dann aber, als sich
keiner wehrte und viele verwundet wurden, begannen sie den Nahkampf. Denn da sie (d. h. die
Römer) nicht irgendwie geordnet, vielmehr mitten zwischen den Wagen und dem unbewaffneten
Troß marschierten, sich auch nicht so leicht zu-
sammenschließen konnten und so den immer
wieder angreifenden Feinden jeweils an Zahl un-
terlegen waren, erlitten sie viele Verluste, ohne
selbst dagegen irgend etwas auszurichten.

DIE ANTIKEN
SCHRIFTLICHEN
QUELLEN

Sobald sie einen geeigneten Platz gefunden hatten, soweit dies in einem Waldgebirge überhaupt möglich war, schlugen sie dort ein Lager auf, dann verbrannten sie die Mehrzahl der Wagen und alles andere, was sie nicht unbedingt brauchten, oder ließen es zurück, brachen dann am anderen Morgen in etwas besserer Ordnung auf, so daß sie bis zu einer Lichtung kamen; doch war ihr Abzug nicht ohne blutige Verluste geblieben. Von dort brachen sie erneut auf und gerieten wieder in die Wälder, wehrten sich zwar gegen ihre Angreifer, doch brachte gerade dies ihnen die Verluste; denn wenn sich auf dem engen Raum Reiter und Fußsoldaten zusammenschlossen, um sie gemeinsam anzugreifen, kamen sie zu Fall, weil sie entweder über einander oder auch über die Baumwurzeln stolperten. So brach der vierte Tag ihres Marsches an, als erneut ein starker Regen und ein furchtbarer Sturm sie überfielen, so daß sie weder vorwärtskommen noch fest auf der Stelle stehen, ja nicht einmal ihre Waffen gebrauchen konnten. Denn Pfeile, Wurfspieße, sogar auch die Schilde waren, da alles völlig durchnäßt war, kaum zu benutzen. Die Feinde dagegen, die größtenteils leicht bewaffnet waren und ohne Gefahr die Möglichkeit zum Angriff und Rückzug hatten, traf das weniger. Dazu konnten sie, da ihre Zahl sich stark vergrößert hatte – denn von den übrigen, die vorher noch vorsichtig gewesen waren, eilten viele herbei, hauptsächlich um Beute zu machen –, jene, deren Zahl sich bereits verringert hatte – denn viele waren in den vorhergehenden Kämpfen gefallen –, (jetzt) leichter umzingeln und niederhauen. Da entschlossen sich Varus und die übrigen hohen Offiziere aus Furcht, lebendig gefangen oder gar von ihren unerbittertsten Feinden umgebracht zu werden, zumal sie bereits verwundet waren, zu einer furchtbaren, aber notwendigen Tat: sie töteten sich selbst.

Als dies bekannt wurde, da gab auch jeder andere, selbst wenn er noch bei Kräften war, seinen Widerstand auf. Die einen folgten dem Beispiel ihres Feldherrn, die anderen warfen ihre Waffen weg und ließen sich von dem ersten besten töten, denn an Flucht war überhaupt nicht zu denken, selbst wenn man es noch so gern gewollt hätte. So wurde denn ohne eigene Gefahr alles niedergemetzelt, Mann und Roß, und

…die Barbaren erstürmten sämtliche Kastelle außer einem; dieses aber hielt sie so lange auf, daß sie weder den Rhein überschritten noch nach Gallien einfielen. Vielmehr konnten sie nicht einmal dieses (Kastell) in ihre Gewalt bringen, da sie sich nicht auf die Belagerung verstanden und zudem die Römer zahlreiche Bogenschützen hatten, von denen sie unter sehr starken Verlusten zurückgedrängt wurden.

Als sie dann die Nachricht erhielten, daß die Römer am Rhein Wache hielten und daß Tiberius mit einem starken Heer im Anmarsch sei, ließen die meisten vom Kastell ab; die Zurückgebliebenen entfernten sich etwas von ihm, um nicht durch plötzliche Ausfälle der Besatzung Schaden zu erleiden, und behielten die Anmarschwege scharf im Auge, in der Hoffnung, durch Lebensmittelknappheit die Übergabe zu erzwingen. Die römische Besatzung aber harrte aus, solange sie genügend Proviant hatte, und hoffte auf Entsatz. Als ihnen aber niemand zu Hilfe kam und der Hunger sie quälte, warteten sie eine stürmische Nacht ab und zogen ab. Es waren wenige Soldaten, viele ohne Waffen. Und …

sie kamen auch an deren erstem und zweiten Wachtposten vorbei; als sie sich aber dem dritten näherten, wurden sie bemerkt, da die Frauen und Kinder aus Erschöpfung und Angst und wegen der Dunkelheit und Kälte andauernd die Männer zurückriefen. Und sie wären alle zugrundegegangen oder auch in Gefangenschaft geraten, wenn sich die Barbaren nicht zu sehr mit dem Erraffen der Beute aufgehalten hätten. Denn so gewannen die Stärksten einen großen Vorsprung, und indem die Trompeter, die bei ihnen waren, das bei schnellem Marsch übliche Signal bliesen, erweckten sie beim Feinde den Glauben, daß sie von (L. Nonius) Asprenas geschickt seien. Daher ließen diese von der Verfolgung ab, und als Asprenas von dem Vorfall hörte, kam er ihnen tatsächlich zu Hilfe. Später kamen auch einige Gefangene zu-

DIE ANTIKEN
SCHRIFTLICHEN
QUELLEN

rück, die von ihren Verwandten losgekauft worden waren; doch war ihnen dies nur unter der Bedingung gestattet worden, daß sie außerhalb Italiens blieben.

Verschiedene Lederbeschläge von der soldatischen Ausrüstung. Silberplattierte Bronze. Länge der Platte links unten 4,5 cm.

ARCHÄOLOGISCHE FACHBEGRIFFE

Abraum	Aus der Grabung herausgeschaffter Boden.
Abtrag	Schichtweises Abheben des Bodens.
Befund	Während der Grabung erkannte Spur von menschlichen Eingriffen in den Boden, etwa Bodenverfärbungen, Mauerreste o.ä.
Bodendenkmal	Schützenswerte unterirdische Hinterlassenschaft früherer Kulturen.
Bronzezeit	Ca. 2000 bis 700 v. Chr.
Dokumentation	Zeichnerische, fotografische und schriftliche Aufnahme aller Beobachtungen.
Eisenzeit	Ca. 700 bis 30 v. Chr.
Fund	Unter der Erde verborgenes und durch die Ausgrabung oder Prospektion erkanntes Objekt, das dem Boden entnommen wird.
Jungsteinzeit	ca. 4600 bis 2000 v. Chr.
Kaiserzeit	30 v. bis 375 n. Chr.
Meßnetz	Einheitliches Vermessungssystem für einen Grabungsbereich.
Planum	Grabungsfläche
Prähistorisch	Vorgeschichtlich, urgeschichtlich
Profil	Ansicht der senkrechten Außenwände der Grabung oder eines Befundschnittes (→Schnitt).
Prospektion	Suche nach archäologischen Quellen mit verschiedenen Methoden (Begehung, Metalldetektor, Luftbild, geomagnetische und andere physikalische Meßmethoden etc.) außer durch Ausgrabungen.

Putzen

Vorsichtiges und dünnes Abtragen mit besonders geschärften Werkzeugen, um die Befunde deutlich sichtbar werden zu lassen.

Schnitt

Ausheben eines Abschnitts eines Befunds zur Gewinnung der vertikalen Ansicht (→Profil). Auch: Langgestreckter Ausgrabungsbereich.

LITERATURVERZEICHNIS

Dieses Verzeichnis bietet keine vollständige Liste aller bisher zu Kalkriese erschienenen Literatur, sondern es soll dem interessierten Leser die Möglichkeit geben, anhand ausgewählter Titel tiefer in das Thema einzusteigen. Aktuelle Berichte aus der Forschung finden sich im jährlich erscheinenden "Varuskurier", der durch die "Gesellschaft zur Förderung der vor- und frühgeschichtlichen Ausgrabungen im Osnabrücker Land" herausgegeben wird.

Th. Mommsen, Die Örtlichkeit der Varusschlacht. In: Gesammelte Schriften 4 (1906) S. 200–246.

W. Schlüter u.a., Archäologische Zeugnisse zur Varusschlacht? Untersuchungen in der Kalkrieser-Niewedder Senke bei Osnabrück. In: Germania 70, 1992 S. 307–402.

W. Schlüter (Hrsg.), Kalkriese, Römer im Osnabrücker Land. Ausstellungskatalog 1993.

M. Fansa (Hrsg.), Varusschlacht und Germanenmythos. Vorträge zur Wanderausstellung 1993. Archäologische Mitteilungen aus Nordwestdeutschland, Beiheft 9 (1994).

G. Franzius (Hrsg.), Aspekte römisch-germanischer Beziehungen in der frühen Kaiserzeit. Vorträge zur Wanderausstellung 1993 (1995).

J.-S. Kühlborn (Hrsg.), GERMANIAM PACAVI – Germanien habe ich befriedet. Archäologische Stätten augusteischer Okkupation (1995).

R. Wiegels, W. Wösler (Hrsg.), Arminius und die Varusschlacht (1995).

F. Berger, Kalkriese 1 – Die römischen Fundmünzen. Römisch-Germanische Forschungen Band 55 (1996).

W. Schlüter, W. Wiegels (Hrsg.), Rom, Germanien und die Ausgrabungen von Kalkriese (1999).

Einen populären Einstieg bietet:
T. Clunn, Auf der Suche nach den verlorenen Legionen (1998).

ABBILDUNGSNACHWEIS

Alle nicht aufgeführten Abbildungen stammen aus den Archiven der Stadt- und Kreisarchäologie Osnabrück, der Archäologischer Museumspark Osnabrücker Land gGmbH oder des Verfassers.

Die Fotos der Fundstücke stammen fast ausschließlich von Chr. Grovermann.

S. 11 und 28 unten   Fotos J. Zietlow

S. 12 oben   Nach: A.M. Burnett/M. Amandry, Roman provincial coinage Vol I (1992) Taf. 45 Nr. 798.

S. 12 Mitte   Nach: ebd. Taf. 43 Nr. 776.

S. 14   Nach: G. Unverfehrt, Ernst von Bandels Hermannsdenkmal. In: G. Engelbert (Hrsg.), Ein Jahrhundert Hermannsdenkmal 1875 bis 1975 (1975) 129ff. Abb. 9.

S. 17   Karte E. Menking

S. 20   Rheinisches Landesmuseum Bonn

S. 24/25   Zeichnung K. Pohl

S. 26   Nach: Niedersächsisches Landesamt für Bodenforschung (Hrsg.), Geologische Karte von Niedersachsen 1:25000, Erläuterungen zu Blatt 3514 Vörden (Hannover 1986).

S. 28 oben   Nach Postkarte des Kulturgeschichtlichen Museums Osnabrück

S. 28 Mitte   Nach: F. Berger, Kalkriese 1. Die römischen Fundmünzen (1996) 3 Abb. 3

S. 29   Nach einem Stich in Privatbesitz.

S. 33   Niedersächsisches Landesamt für Denkmalpflege 3514/004–1; 1157. Foto Otto Braasch.

S. 36/37   Nach: Deutsche Landesvermessung. Top. Karte 1:50000, Niedersachsen

S. 64/65   Plan S. Wilbers-Rost/K. Pohl.

S. 63, 66/67 und 73   Fotos S. Wilbers-Rost.

S. 74, 76 und 81   Zeichnungen G. Dlubatz

S. 75   Nach: Varuskurier I/1998, S. 9

Die Deutsche Bibliothek – CIP Einheitsaufnahmen

Ein Titeldatensatz für diese Publikation ist bei
Der Deutschen Bibliothek erhältlich

© 1999 by Archäologischer Museumspark
Osnabrücker Land gGmbH und Rasch Verlag
Alle Rechte vorbehalten
Gestaltung: Integral Concept
Gesamtherstellung: Rasch, Druckerei und Verlag, Bramsche
Printed in Germany
ISBN 3-934005-40-3